16	3	2	13
5	10	11	8
9	6	7	12
4	15	14	1

Braulio Tavares

CONTANDO HISTÓRIAS EM VERSOS

Poesia e Romanceiro Popular no Brasil

editora 34

EDITORA 34

Editora 34 Ltda.
Rua Hungria, 592 Jardim Europa CEP 01455-000
São Paulo - SP Brasil Tel/Fax (11) 3816-6777 www.editora34.com.br

Imagem da capa:
A partir de xilogravura de José Lourenço Gonzaga, baseada em desenho de Jô Oliveira

Imagens da p. 125:
Xilogravuras de José Lourenço Gonzaga

Capa, projeto gráfico e editoração eletrônica:
Bracher & Malta Produção Gráfica

Revisão:
Lilian Aquino
Marina Kater

1ª Edição - 2005

CIP - Brasil. Catalogação-na-Fonte
(Sindicato Nacional dos Editores de Livros, RJ, Brasil)

Tavares, Braulio
T228c Contando histórias em versos: Poesia e Romanceiro Popular no Brasil: Braulio Tavares — São Paulo: Ed. 34, 2005.
160 p.

ISBN 85-7326-331-8

1. Poética - Arte poética. 2. Poesia - História e crítica. I. Título.

CDD - 808.1

CONTANDO HISTÓRIAS EM VERSOS
Poesia e Romanceiro Popular no Brasil

para minha filha Maria Nayara
e meu filho Gabriel

INTRODUÇÃO

Eu leio e escrevo poesia desde garoto, e sempre me interessei por livros que comentam os aspectos técnicos da poesia. A maioria dos livros sobre poesia comenta apenas o assunto, o "conteúdo" dos poemas. Não tenho nada contra isto, mas quem tenta escrever poesia começa a se deparar com uma infinidade de pequenos problemas e pequenas dúvidas que não têm nada a ver com o assunto do poema, mas com o modo de organizar as palavras. Livros que discutam estes problemas também são necessários.

Algumas pessoas acham que para escrever poesia a técnica não é importante, o que de fato importa é o sentimento. É uma maneira errada de olhar a questão. Sentimentos, sem técnica, costumam gerar apenas uma mistura de desordem e de lugares-comuns. Na poesia, como na música, a técnica existe para mostrar ao artista uma variedade maior de formas para que ele exprima seu sentimento. Não existe bom músico sem técnica, ou bom poeta sem técnica, mesmo que esta técnica seja a de um autodidata, seja uma técnica penosamente reinventada por alguém que foi obrigado a redescobrir sozinho uma porção de coisas que outras pessoas já sabiam.

Este livro é principalmente sobre a poesia narrativa, a poesia que se propõe a contar histórias, e cujas formas em geral têm métrica e rima. Aqui no Brasil, herdamos dos portugueses e dos espanhóis um enorme conjunto de poemas escritos, falados e cantados, a que damos o nome de Romanceiro. Uma parte desse conjunto enraizou-se e proliferou no interior do Nordeste, transformando-se há pouco mais de cem anos em livrinhos impressos com pouco dinheiro e em máquinas precárias, os chamados "folhetos de cordel". O escritor Ariano Suassuna chama a estes poemas, e a outros que são parecidos com eles em origem e em espírito, Romanceiro Popular do Nordeste.

Este Romanceiro, no entanto, é apenas um tipo (bem brasileiro) de poesia narrativa. O poema narrativo está presente também na música e no teatro. Um poema narrativo que ainda por cima é rimado e metrificado está muito próximo da canção. A canção popular é um dos ambientes onde o poema narrativo — uma história em versos com começo, meio e fim — é cultivado com mais requinte. Basta pensar nos notáveis poemas narrativos que podemos encontrar na MPB tradicional, no samba, no baião, na música sertaneja, no *rock* internacional, e em estilos recentes como o *rap* e o *hip-hop*.

Certa vez perguntaram ao compositor e cantor Bob Dylan por que motivo ele fazia tanto sucesso, vendia milhões de discos. Ele deu uma resposta curta e definitiva: "Eu faço perguntas e conto histórias". Perguntas e histórias são coisas que os poetas fazem e contam há milhares de anos, uns através de poemas impressos em livros, outros através de poemas cantados ou recitados diante de um público.

O poema narrativo não é propriedade de nenhuma cultura. Todos os poetas o usam. Populares e eruditos, tradicionalistas e contestadores, artesãos exigentes ou boêmios descuidados, todos usam o verso para contar as histórias que lhes interessam e fazer as perguntas que os incomodam.

Em 2001 e 2002 orientei uma oficina literária no Teatro Brincante, no bairro de Vila Madalena, em São Paulo. Ali, Antonio Nóbrega e Rosane Almeida patrocinam cursos e oficinas de arte. Uma destas oficinas tinha o nome "A Arte do Brincante para Educadores", e era destinada a professores da rede pública. A cada mês, os participantes estudavam um aspecto da cultura popular do Nordeste: Frevo, Fabricação de Bonecos, Teatro de Mamulengos, Maracatu... Cabia a mim apresentar, durante um mês, noções básicas da Literatura de Cordel e, por extensão, da poesia em geral. Este livro é uma adaptação daquela oficina literária.

As análises que faço aqui são leituras minhas, refletem minha visão pessoal, e não pretendem "explicar" os poemas. Pessoas diferentes lêem de modos diferentes um mesmo poema. Conhecer as leituras dos outros ajuda-nos a melhorar a nossa. Cada novo poema que descobrimos enriquece a nossa maneira de ler. Em algumas pessoas isso evolui até transformar-se na vontade de também escrever, de fazer seus próprios versos. Mas isso já é outra história.

Parte I
A POESIA

1.
O QUE É POESIA

O que diferencia a linguagem poética das outras linguagens — a prosa, por exemplo? O poeta inglês Coleridge dizia: "Prosa são palavras na melhor ordem possível; poesia são as melhores palavras possíveis na melhor ordem possível". Há quem considere a poesia uma linguagem mais concentrada do que as outras, em que é possível condensar muitos significados em pequenos trechos, às vezes em pouquíssimas palavras. Ou uma linguagem que sugere grande variedade de interpretações. Há poemas que, por mais que sejam relidos, parecem sempre estar dizendo algo um pouco diferente do que acreditávamos ter visto na vez anterior.

Existem poemas imensos, como *Os Lusíadas*, e poemas brevíssimos, como os haicais japoneses, assim como, também na prosa, há textos gigantescos e textos muito curtos. Mesmo assim, se a gente observa qualquer um desses poemas muito longos — a *Ilíada* e a *Odisséia* de Homero, *A divina comédia* de Dante etc. —, vai ver que cada trecho, cada estrofe é trabalhada como se o resto do poema não existisse, como se o poema fosse só aquele trecho ali. Como se cada um desses poemas de milhares de versos fosse na verdade uma enorme coleção de poemas menores, todos com o mesmo tema e o mesmo tom de voz.

Vale para a poesia o mesmo que o escritor italiano Italo Calvino dizia valer para a prosa, a qual, no seu entender, depende

> "[...] da frase em que todos os elementos são insubstituíveis, do encontro de sons e conceitos que sejam os mais eficazes e densos de significado. Estou convencido de que escrever prosa em nada difere do escrever poesia; em ambos os casos, trata-se da busca de uma expressão necessária, única, densa, concisa, memorável".

Por outro lado, a concentração de linguagem não existe só na poesia. Há contos, como os contos visionários de Edgar Allan Poe, que são muito curtos, mas têm uma linguagem trabalhada com enorme riqueza de recursos e de efeitos. E mesmo em romances imensos como o *Grande sertão: veredas* de Guimarães Rosa qualquer trecho de uma dúzia de linhas, extraído ao acaso, parece ter em si um pedaço de um poema maior ou uma semente de um poema futuro. É comum ouvir alguém dizer, a respeito de obras assim: "Puxa, como a linguagem dele é trabalhada, até parece um poema".

Criar poemas curtos como o haicai ou o soneto pode requerer um trabalho imenso, um trabalho que tem algo de relojoaria. Criar poemas longos como *Os Lusíadas* é parecido com a construção de uma catedral: por mais gigantescas que sejam as dimensões do projeto total, deve-se dar a cada detalhe a mesma atenção e o mesmo acabamento que um joalheiro dá às peças minúsculas que saem de sua oficina.

Voltando à definição de Coleridge, vamos considerar a expressão "as melhores palavras possíveis". Só o poeta pode responder que palavras são essas. As razões pelas quais alguém começa a escrever poesia, ou começa a chamar de poesia as coisas que escreve, são incontáveis. Quando alguém começa a escrever poemas, em geral é porque já leu poemas alheios. Sua impressão sobre a poesia vai depender dos poetas que leu, das coisas que mais o impressionaram, das coisas que julgou haver descoberto ou compreendido e das coisas que julga ser capaz de fazer também.

Todo movimento de criação artística, e não só a poesia, tem origem nesse impulso. É um impulso de dentro para fora: a pessoa quer dizer alguma coisa, seja sobre seus sentimentos pessoais, sua imaginação ou suas opiniões sobre Deus e o mundo. E é também um impulso de fora para dentro, em que o recém-poeta percebe que existe um mundo inteiro de poemas pedindo para ser lidos. Existe uma tradição inteira para ser conhecida, reverenciada, absorvida, imitada e transcendida.

Conhecer essa tradição é a melhor maneira de inventarmos nossa voz pessoal. Ler poetas muito diferentes uns dos outros nos ajuda a perceber as infinitas variações de linguagem que podem caber num espaço muito restrito. Alguém que tenha lido apenas dois ou três poemas talvez não perceba os variados mecanismos de ritmo e de linguagem que podem ser compactados ali. O ideal é ler um livro inteiro de poemas, de preferência uma antologia. Perceberá vozes distintas, vocabulários que nada têm a ver entre si, noções diferentes de ritmo, imprevisibilidade de tema (há o poema romântico, o poema humorístico, o poema filosófico, o poema paisagem, o poema retrato...). E por trás desta variedade toda, o leitor começa a perceber os mecanismos da poesia propriamente dita. Ele percebe como determinado poema foi planejado e executado, como ele foi proposto e resolvido pelo próprio poeta, mesmo que às pressas, e mesmo que o resultado não seja grande coisa. E ao perceber que já sabe como foi feito, ele começa a desconfiar que também sabe fazer.

A poesia tem milhares de recursos. Ninguém usa todos o tempo inteiro, mas é preciso conhecer muitos, porque mais cedo ou mais tarde um deles poderá ajudar a resolver uma situação complicada.

2.
OS ELEMENTOS DA POESIA: MÚSICA, IMAGEM E IDÉIA

Em seu livro *O ABC da literatura*, o poeta norte-americano Ezra Pound sugere que poesia é, apenas, "linguagem carregada de significado". E indica três procedimentos básicos da linguagem poética que ele chama de *melopéia*, *fanopéia* e *logopéia*, e que podemos, para simplificar, chamar respectivamente de *música*, *imagem* e *idéia*. A poesia procura usar a sonoridade das palavras e o ritmo das frases para criar uma impressão de *música*; procura sugerir *imagens* através de palavras que estimulem indiretamente os nossos cinco sentidos; e procura evocar *idéias* através de palavras que traduzam noções abstratas.

Ao longo do poema, o poeta recorre com mais intensidade a um ou a outro desses procedimentos, variando o modo como atinge o leitor, para que o poema não vire um "samba de uma nota só", sem variedade, sem surpresas.

Cada poeta tem habilidade maior com um ou outro desses aspectos.

Alguns poetas sabem criar *música* em seus versos. Eles encadeiam as palavras, extraem delas sonoridades inesperadas, que se combinam de uma maneira inesperada. Criam ritmos cadenciados e complexos. Alguns poemas parecem produzir uma melodia própria, parecem pedir para serem lidos em voz alta para que se possa extrair toda a riqueza de sons que contêm. Às vezes, até mesmo um ouvinte estrangeiro, que não entende uma só palavra da língua em que esses versos foram escritos, é capaz de perceber e admirar a *música* que existe nesses poemas.

A sugestão dos ritmos, dos cantos africanos, está presente neste poema do pernambucano Ascenso Ferreira, "Maracatu":

Zabumba de bombos,
estouro de bombas,
batuques de ingonos,
cantigas de banzo,
rangir de ganzás...

— Loanda, Loanda, aonde estás?
Loanda, Loanda, aonde estás?

As luas crescentes
De espelhos luzentes,
Colares e pentes,
Queixares e dentes
De maracajás...

— Loanda, Loanda, aonde estás?
Loanda, Loanda, aonde estás?

A balsa do rio
Cai no corrupio
Faz passo macio,
Mas toma desvio
Que nunca sonhou...

— Loanda, Loanda, aonde estou?
Loanda, Loanda, aonde estou?

Outros poetas sabem criar *imagens* em seus versos.

Ler um poema deles é como estar vendo um filme. Quando descrevem uma pessoa, um ambiente, uma ação, escolhem palavras capazes de fazer tudo aquilo surgir de forma vívida em nossa mente. Criam imagens não apenas visuais, mas capazes de estimular indiretamente os nossos sentidos. Palavras que não apenas nos dão a impressão de estarmos *vendo* algo, mas também de estarmos *ouvindo* ruídos, *sentindo o cheiro* das coisas, ou *sentindo o sabor* do que ele descreve, ou ainda experimentando as *sensações táteis* que acompanham a ação descrita: peso, espessura, maciez, dureza, umidade, calor, frio, tamanho, imobilidade, movimento...

Existem palavras e expressões que despertam imediatamente uma resposta visual. Se eu pedir ao leitor para pensar num triângulo azul, tenho certeza de que o que vem à sua mente é uma imagem visual, e não um conceito abstrato como "figura geométrica com três lados e três ângulos, na tonalidade do céu num dia ensolarado"... Se eu digo: "um rajá passa montado num elefante cruzando um campo de futebol, à frente de uma fila de pingüins", não importa se a imagem é meio absurda e que você, provavelmente, numa tenha precisado pensar nela em toda sua vida. No momento em que lê essas palavras, o decodificador automático de sua mente produz e apresenta a imagem. A decodificação, infelizmente, é feita nas limitações do nosso vocabulário. Se eu digo: "num palco iluminado, há três cadeiras onde estão sentados, respectivamente, um almirante da Marinha, um jogador da Seleção Brasileira e um anarcolepta", a imagem formada na mente do leitor terá uma espécie de "ponto cego" na terceira cadeira, caso ele não saiba o que é um "anarcolepta" (eu também não sei).

Cabe ao poeta saber fazer uso disso.

Alguns poetas têm desenvoltura especial para produzir texto com muitos estímulos visuais, como era o caso do fluminense Olavo Bilac, que inicia assim seu poema épico "Delenda Cartago":

> Fulge e dardeja o sol nos amplos horizontes
> do céu da África. Ao largo, em plena luz, dos montes

destacam-se os perfis. Tremulamente ondeia,
vasto oceano de prata, a requeimada areia.
O ar, pesado, sufoca. E, desfraldando ovantes
das bandeiras ao vento as pregas ondulantes,
desfilam as legiões do exército romano
diante do general Cipião Emiliano.
[...]

Um poema assim nos dá a sensação de estar revendo algum daqueles filmes históricos de Hollywood, como *Gladiador* ou *Tróia*. Até mesmo os versos, bem longos (são os versos chamados "alexandrinos", de doze sílabas, talvez os mais longos de nossa língua), superpondo-se em camadas horizontais, nos evocam a amplitude de uma imagem em cinemascope — alusão que, estou certo, nunca passou pela cabeça de Bilac, falecido em 1918. A cena é sugerida em traços nítidos, como se a pessoa que a descreve estivesse olhando através do visor de uma câmera: a luz intolerável, o calor, a imensidão do deserto, e de repente aquele enorme exército ruidoso que brota na imagem e passa diante da câmera, que por fim muda ligeiramente de ângulo e enquadra o general, bem ali ao lado, contemplando o desfile.

Os escritores costumam dizer que em literatura faz-se em cinco minutos, e de graça, o que o cinema só faz à custa de milhões de dólares e milhares de figurantes. As possibilidades de criar imagens com palavras podem não ser infinitas, mas certamente são inesgotáveis. Em seu livro *Nordestinados*, o poeta pernambucano Marcus Accioly, numa das estrofes de "Os bichos", faz a seguinte descrição:

Rumor entre folhas, os sóis abrasados
os pássaros mudos, confins do sertão,
garganta, vereda, covil, chapadão,
coivaras, lajedos, clareiras, cerrados.
A marca profunda dos rastros pesados

o andar sorrateiro com jeito de dança
a boca feroz sob a pele tão mansa
o salto e o rugido suspensos no espaço
os dentes de pedra, as garras de aço
pupilas de sangue nos olhos da onça.

É um minirroteiro cinematográfico, com a onça aproximando-se aos poucos, sendo pressentida de início apenas pelo rumor entre as folhas e pelo cessar do canto dos pássaros. No terceiro e quarto versos, é como se a câmera fizesse um giro de 360 graus, mostrando toda a paisagem em torno. Antes da fera aparecem seus rastros, e depois o poeta chega mesmo a "congelar" a imagem: "o salto e o rugido suspensos no espaço". A fera é rapidamente entrevista de frente: dentes, garras, pupilas... O nome da onça é a última palavra da estrofe, mas ela está presente desde o início; as rimas "dança / mansa" ajudam a sugeri-la.

* * *

Outros poetas sabem produzir *idéias* com seus versos.

Eles dizem coisas em que nunca tínhamos pensado, mas que, quando escutamos, nos atingem com a força de uma verdade óbvia. Eles reproduzem com palavras as emoções mais complicadas que sentimos ou que podemos imaginar alguém sentindo. Usam a linguagem poética para discutir idéias filosóficas, conceitos abstratos que conseguem transpor para uma linguagem mais acessível. Conseguem contar histórias, provocar gargalhadas, emocionar, produzir excitação sensual, usando apenas as palavras.

Alguns poemas são idéia pura, abstração pura. Vejam-se as linhas iniciais de um clássico do mineiro Carlos Drummond de Andrade, "Procura da poesia":

Não faças versos sobre acontecimentos.
Não há criação nem morte perante a poesia.

Diante dela, a vida é um sol estático,
não aquece nem ilumina.
As afinidades, os aniversários, os incidentes pessoais
[não contam.
Não faças poesia com o corpo,
esse excelente, completo e confortável corpo, tão
[infenso à efusão lírica.
Tua gota de bile, tua careta de gozo ou de dor no
[escuro
são indiferentes.
Nem me reveles teus sentimentos, que se prevalecem
[do equívoco e tentam a longa viagem.
O que pensas e sentes, isso ainda não é poesia.
[...]

O poema inteiro está no livro *A rosa do povo* e nas principais coletâneas do autor. No trecho acima, com exceção do sol que não ilumina e da careta no escuro, poucas sugestões visuais aparecem. O poema é idéia pura, um poeta tentando distinguir o que é e o que não é poesia.

O poema de idéias não é necessariamente um poema complicado, acessível apenas aos filósofos. Veja-se a simplicidade desta sextilha do repentista paraibano Pinto do Monteiro:

Eu só comparo esta vida
à curva da letra S:
tem uma ponta que sobe
tem outra ponta que desce
e a volta que dá no meio
nem todo mundo conhece.

É uma estrofe de beleza cristalina: uma sugestão visual elementar, a forma do "S", que pode servir como ponto de partida para inúmeras comparações ou interpretações.

A poesia japonesa, capaz de entrecruzar numerosas idéias num texto muito curto, influenciou muitos dos nossos poetas. O paulista Guilherme de Almeida, seguindo o formato tradicional do haicai, produziu este, intitulado "Pensamento":

> O ar. A folha. A fuga.
> No lago, um círculo vago.
> No rosto, uma ruga.

É um poema visual na primeira leitura: um golpe de ar arrasta uma folha, uma gota cai num lago, uma ruga se forma no rosto de alguém... É o vislumbre de uma imagem cinematográfica, dois ou três segundos de uma cena maior que nunca veremos por completo. Mas é mais do que isso: é um poema de idéias, um pequeno *flash* que podemos dramatizar e interpretar de mil maneiras.

Outro poeta influenciado por essa linguagem superconcentrada dos japoneses foi o curitibano Paulo Leminski, cujos poemas curtos tinham uma simplicidade oriental, como:

> o barro
> toma a forma
> que você quiser
>
> você nem sabe
> estar fazendo apenas
> o que o barro quer

Música, imagem e idéia geralmente estão presentes, completando-se umas às outras, na maioria das obras dos grandes poetas. Isso não quer dizer que um poeta que utiliza apenas um desses recursos não pode ser um grande poeta, ou que um poema assim não pode ser um grande poema. Um poema pode ser pobre de imagens ou de idéias, mas pode ser grande pelo que nos faz sentir em termos de música. Pode não ser muito melodioso ao ouvido e ser pobre de idéias, mas talvez as impressões visuais que ele nos evoca valham a pena. Pode não ter grande musicalidade e não ter imagens marcantes, mas pode ter idéias que nos comovem profundamente, e que podem até influenciar nosso pensamento, transformar nossa vida.

3.
MÚSICA: A SONORIDADE

A *sonoridade* do verso tem a ver com a variedade de vogais e consoantes das palavras que escolhemos. Podemos fazer essa escolha para evitar uma repetição excessiva de sons. Por outro lado, também podemos optar por uma repetição proposital de sons, para a criação de efeitos. Veja-se esta estrofe do catarinense Cruz e Sousa:

> Vozes veladas, veludosas vozes,
> volúpia dos violões, vozes veladas,
> vagam nos velhos vórtices velozes
> dos ventos, vivas, vãs, vulcanizadas.

A repetição de sons, principalmente "V", "L" e "Z" (ou "S"), sugere o efeito pretendido pelo poeta: a sonoridade de violões tocando. A sugestão é indireta, claro. Essas consoantes, por si sós, não "se parecem" com o som de um violão, mas, por serem extraídas da palavra *violões*, elas criam uma associação de idéias entre o som e a imagem; nossa mente aceita essa analogia, e é como se ao longo dessas linhas percebêssemos a presença de violões acompanhando os versos.

Eis outro exemplo, do pernambucano Manuel Bandeira:

A ONDA

a onda anda
aonde anda
a onda?
a onda ainda
ainda onda
ainda anda
aonde?
aonde?
a onda a onda

A repetição de sons semelhantes faz com que fiquem interligadas em nossa mente a idéia do objeto descrito (a onda), a idéia de movimento (anda), a idéia de direção (aonde) e a idéia de permanência no tempo (ainda). Com pouquíssimos recursos, sendo o mais importante deles a *música* das palavras, o poeta nos sugere também a *imagem* visual que inspira o poema (o movimento de ir-e-vir da onda) e a *idéia* de um movimento eternamente repetido, que nunca cessa.

O efeito da música no verso não se dá apenas com a repetição de uns poucos sons, mas também através de uma combinação de sons diferentes. Alguns poetas têm um talento especial para combinar palavras explorando a imensa riqueza sonora da língua. Um deles é o paraibano Augusto dos Anjos, que iniciou assim um dos seus sonetos mais famosos:

Eu, filho do carbono e do amoníaco,
monstro de escuridão e rutilância,
sofro desde a epigênesis da infância
a influência má dos signos do zodíaco.
[...]

Temos aqui um exemplo daquilo que Coleridge considerava "as melhores palavras possíveis" para exprimir uma idéia. Isso não quer dizer que estas sejam as *únicas* palavras capazes de exprimir essa idéia, mas não há dúvida de que a escolha feita pelo poeta foi de grande impacto. O poeta vê a si mesmo não como um ser espiritual, mas como uma criatura meramente física, e usa termos da química ("carbono", "amoníaco") para descrever a si próprio. Ele se vê como um indivíduo feito de contrastes extremos, e poderia até mesmo ter se descrito como uma "criatura de trevas e de luz", ou algo equivalente; mas prefere dizer "monstro de escuridão e rutilância", palavras de muito maior riqueza visual e sonora. O uso de rimas em proparoxítonas ("amoníaco / zodíaco", "rutilância / infância") é característico de Augusto dos Anjos, dando aos seus poemas uma complexidade métrica que força o leitor a diminuir o ritmo da leitura, o que ajuda a assimilar as idéias também complexas que são outro traço desse poeta.

Ainda com relação à sonoridade, compare-se estas duas frases, que dizem mais ou menos a mesma coisa:

a) A barca vaga nas águas e cai na cascata.
b) A canoa flutua no rio e tomba na cachoeira.

Na primeira, todas as sonoridades importantes recaem na letra "A". Este efeito de repetição de sons pode ser usado de vez em quando para ressaltar uma idéia, mas se escrevermos assim o tempo todo o resultado pode ser incômodo. Uma frase como esta parece uma mulher usando casaco amarelo, blusa amarela, saia amarela, cinto amarelo, sapato amarelo, bolsa amarela e lenço amarelo no pescoço. Assim como é bom variar as cores que usamos, é bom variar a sonoridade das palavras com que escrevemos.

Na segunda frase, não apenas usamos as cinco vogais, mas também as variações sonoras de cada uma (ô e õ; á e ã). As numerosas variações de sons dão a essa frase um colorido mais agradável ao ouvido. Isso quer dizer que ela é superior, é "mais bem feita" do que a outra? Não necessariamente. Em poesia, como em qualquer outra arte, uma mesma coisa tanto pode ser um efeito quanto um defeito, dependendo da habilidade de quem usa.

Mesmo em nossa linguagem cotidiana, e não apenas na poesia, é preciso dar atenção à sonoridade das palavras e procurar, por exemplo, evitar repetição desnecessária de sons. Muitas vezes, em nosso trabalho, recebemos uma correspondência mais ou menos assim:

> Prezado Senhor:
>
> Queremos chamar sua atenção para uma importante questão que diz respeito a nossa repartição. A Direção está dando início a uma nova avaliação para determinar os critérios de promoção para cargos mais elevados na administração.

Não há nada mais irritante do que um som que se repete: ão, ão, ão... Bons escreventes e boas secretárias evitam este vício de linguagem com uma simples troca de palavras:

> Prezado Senhor:
>
> Queremos chamar sua atenção para um assunto importante que diz respeito ao nosso departamento. A Diretoria está dando início a um novo exame para determinar os critérios de promoção para cargos administrativos mais elevados.

A repetição de sons pode ser um *efeito* quando é proposital, quando tem uma função no texto, quando percebemos que resultou de um gesto criativo de quem escreveu, e não de simples distração ou preguiça. Muitas vezes, estamos lendo uma coluna num jornal ou numa revista e de repente o jornalista escreve algo como: "... mas este é o tipo de problema que sempre acontece naquele cinema. (Ih, rimou!)". Essa é uma bobagem geralmente cometida por redatores inexperientes ou por profissionais entediados. Se a rima é involuntária, desnecessária e surgiu por acaso, o mais simples é voltar atrás e eliminá-la, substituindo a frase anterior por algo como: "... mas este é o tipo de complicação, ou de inconveniente, ou de contratempo, que sempre acontece naquele cinema". O redator que rima sem querer, e depois informa ao leitor que rimou, como se este fosse meio bobo, está apresentando um sintoma de certa desorganização mental (de que nenhum de nós, aliás, está livre).

4.
MÚSICA: A RIMA

Um dos principais recursos para explorar a sonoridade das palavras, num poema, é a *rima*, que é a repetição regular dos mesmos sons, ou de sons parecidos. Sons que se repetem a intervalos regulares criam um ritmo, e criam no leitor ou no ouvinte a expectativa de que mais adiante aquele som vai reaparecer, só que noutra palavra. Veja-se esta quadrinha popular:

> Amar e não ter ciúme
> isso não é querer bem;
> quem não zela o bem que ama
> muito pouco amor lhe tem.

A rima que salta aos ouvidos é a repetição de sons no final do segundo verso e do quarto: *bem* / *tem*. O fato de que estas palavras aparecem no fim do verso é importante, porque a existência dessas "linhas quebradas" típicas da poesia indica uma pausa, por mínima que seja, no final de cada uma. As palavras *ciúme* e *ama* não têm uma associação sonora muito forte, mas é impossível deixar de perceber o eco entre *bem* e *tem*. Observe-se que ao longo do terceiro verso aparecem as palavras *quem* e *bem*, mas não é sobre elas que recai o peso sonoro do verso, e sim sobre as que vêm no fim. Palavras que surgem no começo e no meio de um verso também podem ser utilizadas para efeito de rima, mas essa é uma utilização mais sutil. Para entendermos os recursos básicos da rima, temos que começar com as rimas que surgem no *final* dos versos.

São típicas da cultura popular brasileira as estrofes como a que acabamos de ver, e que chamamos de *quadras* ou *quadrinhas*. São quatro versos, cada um com sete sílabas, em que geralmente o segundo e o quarto versos rimam entre si. Herdamos esta forma dos portugueses, e ainda hoje, em nosso folclore, em nossa literatura e principalmente nas letras da música popular brasileira, a *quadra* está presente, a tal ponto que nosso ouvido já se acostumou ao seu formato, ao seu ritmo.

Crianças pequenas dão risadas quando dizemos um versinho do tipo:

> Lá vem a lua saindo
> por detrás da bananeira;
> não é lua nem é nada
> é a cara de Maria do Socorro.

Por que riem as crianças? Porque já ouviram dezenas de quadrinhas parecidas, e, mesmo sem saber nada sobre rimas, têm a expectativa de que o som que ouviram lá pelo meio dos versos ("...eira") deve ser repetido no final. Quando isto não acontece, a surpresa e a palavra inesperada produzem o riso. Escritores eruditos podem usar o mesmo recurso, com a mesma intenção humorística. Eis um exemplo do paraibano Ariano Suassuna, em seu romance *A pedra do reino*: um poeta do interior, tendo sido provocado por um adversário, publica no jornal local a quadrinha abaixo, dedicada ao inimigo:

> Esse homem vai terminar
> bebendo a amarga cicuta:
> não por ser um novo Sócrates,
> mas por ser filho espiritual do distinto escritor grego.

Achamos graça no verso porque a presença da rima ("...uta") sugere que a última linha vai terminar com um palavrão. O poeta não usa o palavrão, mas o torna óbvio pela quantidade de pseudodisfarces que emprega: um verso muitíssimo mais longo do que os anteriores, terminando com um som muito diferente ("...ego") e de conteúdo comicamente absurdo, chamando de "escritor" um filósofo que, como é de conhecimento geral, transmitia oralmente a sua sabedoria e jamais escreveu um livro.

A expectativa da rima é um dos recursos mais comuns da poesia. Um dos prazeres de se ler ou se escutar um poema rimado é ver como o poeta, que se obrigou a usar esse recurso, consegue a cada vez encontrar *palavras diferentes que repetem o mesmo som e não se afastam do assunto*. Por outro lado, não ficamos muito dispostos a elogiar um poeta que visivelmente pegou certa palavra e a empurrou à força para dentro do texto, apenas porque era preciso rimar com a anterior. O poeta hábil é o que consegue obedecer à lei da rima com uma palavra que parece caída do céu, para dizer exatamente o que era preciso dizer naquele momento.

Manuel Bandeira dedicou a uma admiradora chamada Sacha o seguinte poema curto:

> Sacha muchacha
> nariz de bolacha!
> (Meu estro não acha
> outra rima em acha.
> Por isso se agacha,
> se cobre de graxa,
> se arranha, se racha,
> se desatarracha
> e pede em voz baixa
> desculpas a Sacha)

Na sua simplicidade quase infantil, é um exercício de metalinguagem (linguagem que fala sobre si mesma). Diante da garota cujo nome é Sacha, o poeta se queixa de que não "acha" muitas rimas em "...acha", mas se lamenta através dessas próprias rimas. Desculpa-se por sua incompetência, e ao mesmo tempo demonstra sua competência. O resultado nos dá uma sensação parecida àquela que temos no circo, quando, depois que equilibristas se exibem na corda bamba, sobe até lá um palhaço desajeitado, ou que se finge de bêbado, e achamos graça nele porque duvidamos que vá conseguir fazer o mesmo. De repente, depois de várias trapalhadas, o palhaço cruza a corda bamba com total domínio — e só então percebemos que se trata de um equilibrista tão competente quanto os outros, só que disfarçado de palhaço.

5.
OS ESQUEMAS DE RIMAS

A *quadra* é a forma poética mais simples da nossa língua. Ela nos dá também as primeiras lições sobre o que chamamos de *esquema de rimas*, o modo como as rimas dos versos se distribuem e se alternam verticalmente ao longo do poema. Costumamos representar por uma letra maiúscula cada rima que aparece no final dos versos, e o esquema de rimas representa essa seqüência vertical de sons.

O poeta português Fernando Pessoa, famoso pelos seus poemas extensos e complexos, também cultivava esses versos simples, que ele assim descrevia: "A quadra é o vaso de flores que o Povo põe à janela da sua alma". As quadrinhas de Pessoa foram reunidas num livro intitulado *Quadras ao gosto popular*, no qual encontramos exemplos como:

O que sinto e o que penso	A
de ti é bem e é mal.	B
É como quando uma xícara	C
tem o pires desigual.	B

O esquema de rimas dessa quadra é ABCB, porque o segundo e o quarto versos (indicados pela letra B) rimam entre si, enquanto o primeiro e o terceiro não rimam, nem com eles, nem um com o outro. Veja-se esta outra quadra do mesmo livro:

Duas horas vão passadas A
sem que te veja passar. B
Que coisas mal combinadas A
que são amor e esperar! B

Na quadra com esquema de rimas ABAB existem apenas duas rimas: a dos versos 1 e 3 e a dos versos 2 e 4. Outro esquema de rimas tradicional é o ABBA, em que o primeiro e o último verso rimam entre si, o mesmo acontecendo com os dois versos do meio. Como exemplo, vejam-se estas quadras do poeta paraibano Luís Dantas Quesado, tendo como tema "o beijo":

Beijo de mulher medrosa A
dado escondido, às escuras, B
é a melhor das aventuras B
que a alma do homem goza. A

Convém que o beijo se tome A
depois de renhida luta, B
que é como se fosse fruta B
comida por quem tem fome. A

O beijo que é concedido A
com liberdade e franqueza B
é como uma sobremesa B
depois de um jantar sortido. A

Mas o beijo que enamora A
e provoca mais desejo B
é quando a dona do beijo B
soluça, suspira e chora. A

Porém o melhor sabor A
é quando a mulher nos nega: B

porque então a gente pega B
e beija seja onde for... A

Voltaremos a este assunto de esquema das rimas, mas é necessário agora dar uma olhada na rima propriamente dita. A *rima* é a repetição de sonoridades que passaram há poucos instantes pela nossa mente e ainda não se apagaram de nossa memória. Mesmo quem lê em silêncio não pode deixar de lembrar algumas sonoridades do que lê. Todo leitor, mesmo aquele mais desatento, registra mentalmente o som de muita coisa que passa pelos seus olhos. Se algum desses sons se repete dentro de um intervalo mais ou menos curto e, principalmente, se eles se repetem dentro de um certo padrão, uma certa estrutura, isso produz impressão de simetria, de harmonia, de ordem. A presença da *rima* cria um *ritmo*. Estas duas palavras, em latim, são uma só.

A divisão básica, no mundo da rima, é a que distingue entre *rima consoante* (ou *rima exata*) e *rima toante*.

6.
A RIMA CONSOANTE

A rima *exata* ou *consoante* é a que exige igualdade de sons no final de dois versos, *da vogal da sílaba tônica em diante*. A sílaba tônica é a mais acentuada de uma palavra. Na minha infância, ensinavam assim o que era sílaba tônica:

— Faça de conta que aquela palavra é o nome de uma pessoa, e que você está chamando aquela pessoa, que está lá na esquina. Aquele pedaço do nome em que o grito for mais demorado é a sílaba tônica. Quer ver? I-nêêêês... Peeee-dro... Clo-tiiiil-de.... Bráááu-li-o...

Na palavra *tônica*, por exemplo, a sílaba tônica é justamente o "tô": "Tôôôôô-ni-ca...". Uma palavra que rime *exatamente* com ela precisa repetir os sons que ela tem *da vogal da sílaba tônica em diante*, ou seja, a partir do "Ô":

> eletrÔNICA — biÔNICA — mÔNICA —
> irÔNICA — sinfÔNICA

Todas essas palavras são rimas exatas para a palavra *tônica*, não importa qual letra venha antes do "Ô".

Escolhi de propósito uma palavra proparoxítona, porque elas são, de certa maneira, mais difíceis de rimar. Uma palavra proparoxítona tem duas sílabas a mais depois da sílaba tônica. Exemplos: *propósito*, *proparoxítona*, *sílaba*. São palavras mais exigentes, que só rimam com palavras cujo final seja muito parecido com o delas. "Propósito", por exemplo, rima com depósito, compósito... e não muito mais, acho. "Proparoxítona" também não tem muitas rimas, se bem que no masculino possamos rimá-la com "barítono". E não conheço nenhuma palavra na língua portuguesa que rime com "sílaba".

Já as palavras *paroxítonas* têm, independentemente de seu tamanho, apenas uma sílaba após a sílaba tônica. Talvez seja o tipo mais comum na língua portuguesa. São *paroxítonas*: palavra, independentemente, tamanho, apenas, uma, seja, tipo, língua, portuguesa. Observe-se que na rima o que conta é a pronúncia, e não a grafia: naturEZA, portanto, rima com surprESA.

Palavras *oxítonas* são aquelas em que a tônica recai na última sílaba: Brasil, andar, fazer, dormir, caju, futebol, maracujá... São palavras também freqüentes, e rimas relativamente simples. Nesta categoria estão, por exemplo, todos os infinitivos dos verbos: cantar / admirar / conversar, escrever / saber / beber, imprimir / sair / partir, compor / dispor / propor...

A rima consoante é talvez a mais freqüente na poesia rimada brasileira, e em nossas letras de música popular.

7.
A RIMA TOANTE

A rima *toante* não exige igualdade total de sons; basta que o final das palavras soe de modo parecido. Em geral, a rima toante se baseia apenas na presença da mesma vogal tônica. Rimas desse tipo para a palavra *tônica*, por exemplo, seriam:

> tÔNICA — AmazÔNIA — atÔMICA — frONHA — redONDA — encONTRA

A rima toante é muito comum na poesia brasileira, porque é uma das características do nosso Romanceiro Popular, que herdamos da Península Ibérica. Alguns poetas a usaram de forma exemplar. João Cabral de Melo Neto é um mestre no uso da rima toante, como neste trecho de seu poema dramático "Morte e vida severina", em que o retirante, fugindo da seca do sertão, chega ao litoral de Pernambuco e se maravilha com a abundância de água que existe ali:

> [...]
> Bem me diziam que a terra
> se faz mais branda e macia
> quanto mais do litoral
> a viagem se aproxima.
> Agora afinal cheguei
> nessa terra que diziam.
> Como ela é uma terra doce

para os pés e para a vista.
Os rios que correm aqui
têm a água vitalícia.
Cacimbas por todo lado;
cavando o chão, água mina.
[...]

São apenas rimas toantes, de dois em dois versos: macia — aproxima — diziam — vista — vitalícia — mina... Vê-se que isso fornece muito mais opções de rima ao poeta do que se ele se mantivesse preso, por exemplo, a encontrar apenas rimas consoantes para qualquer uma dessas palavras.

* * *

Qual a principal diferença entre rimas consoantes e rimas toantes? A rima consoante é exata, redonda. Quando rimas desse tipo vão se sucedendo ao longo de um poema, elas nos dão uma sensação de expectativa que é plenamente satisfeita, como se fosse uma conta aritmética que não deixa resto. Já a rima toante é menos precisa. Ela satisfaz a nossa expectativa sonora, mas não a satisfaz totalmente, porque os sons não são exatamente iguais. Ela deixa um resíduo de tensão não resolvida, mas o poeta hábil sabe usar essa tensão para produzir, por um efeito cumulativo, a sensação de uma harmonia mais cheia de sutilezas, à medida que os versos vão se superpondo uns aos outros.

Vou comparar com a música. A rima consoante é como um acorde de Dó Maior no violão, formado pelas notas Dó, Mi, Sol e Dó. É um acorde perfeito, uma forma fechada. Alguns o chamam de acorde "quadrado". Outros, querendo exprimir a mesma idéia, o chamam de acorde "redondo"; mas ambos os termos evocam a idéia de uma figura totalmente simétrica, que se basta a si mesma.

Já a rima toante nos dá a sensação de uma forma incompleta, ou que sofreu a interferência de algo que não fazia parte dela. Seria, na música, um acorde dissonante em relação ao acorde citado acima: por exemplo, o acorde de Dó Maior formado pelas notas Dó, Mi, Sol e Si. Quando a Bossa Nova começou a introduzir esse tipo de acorde na música popular brasileira, no final da década de 1950, os cantores e instrumentistas que o utilizavam foram chamados de "desafinados", o que deu origem à canção "Desafinado", de Tom Jobim e Newton Mendonça. Não eram desafinados. Eram acordes mais sutis, assim como é mais sutil a rima toante.

O poeta escolhe o que lhe convém naquele momento — se é a exatidão ou a sutileza, se é uma conta zerada ou uma conta que deixa resto. Em nossa poesia, a rima consoante é mais freqüente do que a rima toante. À primeira vista, parece um contra-senso, uma vez que a rima consoante é mais exigente, pois por ser mais exata deixa menos opções para o poeta. Por outro lado, é uma rima mais redonda, mais fácil de aceitar (pelo ouvido dos leitores menos exigentes) do que a rima toante, que é uma rima que, a ouvidos menos preparados, parece "errada".

Os dois tipos podem conviver muitíssimo bem num mesmo poema. Vejam-se estes versos de João Cabral de Melo Neto, nos quais ele alterna com simplicidade as duas rimas:

De um jogador brasileiro a um técnico espanhol

Não é a bola alguma carta
que se levar de casa em casa:

é antes telegrama que vai
de onde o atiram ao onde cai.

Parado, o brasileiro a faz
ir onde há-de, sem leva e traz;

com aritméticas de circo
ele a faz ir onde é preciso;

em telegrama, que é sem tempo
ele a faz ir ao mais extremo.

Não corre: ele sabe que a bola,
telegrama, mais que corre voa.

Aqui, temos pares de rimas consoantes, ou exatas (vai / cai, faz / traz), e pares de rimas toantes: carta / casa, circo / preciso, tempo / extremo, bola / voa. Os dois tipos de rima foram combinados de acordo com a conveniência do poeta.

Veja-se também como a *idéia* do poema está apoiada na *imagem* — a comparação carta / telegrama — com que Cabral elogia o estilo de lançamentos longos em que um jogador consegue colocar a bola no pé de um companheiro do outro lado do campo, a 30 ou 40 metros de distância. É o estilo dos grandes armadores como Gerson, Rivelino, Sócrates, Rivaldo. Em vez de conduzir a bola até o atacante, como um carteiro que leva pessoalmente uma carta para entregá-la em mãos, esses jogadores fazem a bola ir voando até lá, como uma mensagem telegráfica também vai "voando" pelo espaço, sem que ninguém precise carregá-la até a outra cidade.

O poeta é o dono do poema. Cabe a ele determinar as regras a que o poema irá obedecer, se é que haverá regras. O formato de um poema pode ser totalmente novo, criado a partir do zero; mas existem também os poemas de forma fixa, de forma consagrada: o soneto, o haicai, a terça rima, a sextilha da literatura de cordel... São poemas pré-formatados, por assim dizer: existe uma estrutura de estrofes, alguns esquemas de rimas e algumas regras de métrica que é preciso obedecer — *caso o poeta queira fazê-lo*. Ninguém é obrigado a usar essas formas; usá-las corretamente, no entanto, é um desafio. No caso da literatura de cordel nordestina, por exemplo, faz parte da tradição do gênero o uso de rimas consoantes. Se um folheto de cordel usa rimas toantes, o conhecedor de cordel pensa logo que o autor daquele folheto desconhece a existência dessas regras. Um cordel escrito assim pode até ser um grande poema, mas não se pode dizer que se trata de "um cordel autêntico", assim como um automóvel da Ferrari com motor Rolls-Royce não é "uma Ferrari autêntica".

8.
RIMAS POBRES E RIMAS RICAS

Muitas vezes um poeta é criticado pela pobreza de suas rimas, ou elogiado pela riqueza delas. Isso não deve preocupar muito o poeta iniciante, mas deve ser levado em conta à medida que ele for evoluindo e enfrentando maiores desafios. Umas rimas são preferíveis a outras. Por quê? Em princípio, porque devem ser evitadas as rimas fáceis demais, óbvias demais, que exigem pouco esforço criativo. Se usadas com freqüência, elas acabam dando a idéia de que o poeta é preguiçoso ou pouco inteligente.

Um fato elementar quanto à rima, por exemplo, é que não se deve rimar uma palavra com ela mesma ou com variantes dela mesma: culpa / desculpa, certo / incerto, possível / impossível, homem / super-homem. São variantes tão próximas que o poeta parece estar trapaceando e tentando seguir a lei do menor esforço. Chama-se a isso "rima pobre".

Outro tipo de rima pobre é aquela em que são rimadas palavras que terminam com o mesmo sufixo: antigamente / certamente / facilmente / friamente... Ou lealdade / crueldade / facilidade / humanidade... Ou idealismo / humanismo / socialismo / egoísmo... Rimar assim não é um erro, mas se o poeta emprega o tempo todo esse recurso demonstra ter pouco vocabulário.

Outra rima pobre é a que usa as formas dos verbos no infinitivo, terminando em ...ar, ...er, ...ir, ...or. São inevitáveis também, mas devem ser usadas com moderação. Podemos rimar dois verbos, como "andar" e "falar"; mas também podemos rimar esses verbos com substantivos (mar, lar, bar, patamar...) ou com adjetivos (solar, lunar, escolar...). Isso torna a rima um pouco mais rica, porque estamos usando categorias de palavras mais distantes umas das outras. No aspecto puramente técnico ou artesanal da poesia, ganha ponto aquilo que envolve uma dificuldade extra e que, quando bem realizado, dá impressão de algo aparentemente fácil, cuja complexidade não aparece à primeira vista.

Houve uma época na poesia brasileira em que as rimas ricas, ou raras, eram muito valorizadas, e cada poeta quebrava a cabeça tentando descobrir uma nova combinação de sílabas que rimassem. Rimar, por exemplo, "estrelas" com "entendê-las" era um pequeno triunfo para o poeta, porque se trata de palavras de formação diferente e que soam da mesma forma. Outro poeta poderia rimar "saudade" com a expressão "resistir, quem há-de?", que aos nossos olhos de hoje pode parecer rebuscada, mas na época também valia como demonstração de virtuosismo. Poetas rimavam "percebi-o" com "vazio", ou rimavam "distância" com "alcance-a".

O paulista Guilherme de Almeida tem dois poemas nos quais explorou esses dois aspectos da rima: "Cantiga das rimas paupérrimas" e "Berceuse das rimas riquíssimas". São coleções de exemplos notáveis desses dois casos:

CANTIGAS DAS RIMAS PAUPÉRRIMAS

Pobre cantiga prevista
sem ritmo novo nenhum,
sem uma rima imprevista
e sem pensamento algum.

Cantiga sem interesse
que alguém fez para ninguém,
com todo o desinteresse,
e em que ninguém sente alguém.

Pobre cantiga sem gosto,
sempre a mesma, sempre igual,
sem prazer e sem desgosto,
sem nada bem desigual.
[...]

Berceuse das rimas riquíssimas

Durma! A noite suave e grande
anda com passos de lã de
luar, de penugem de nuvem...
Durma! Em seu corpo alvo e nu vem
roçar as asas um ar de
jardins distantes... É tarde.
Durma à sombra dos meus olhos
como de uma árvore e molhe os
seus sonhos nas minhas lágrimas,
não esperando um milagre mas
sentindo que o mal e o bem são
uma única e mesma bênção...
[...]

9.
O VERSO BRANCO

A maior parte da poesia tradicional dos povos da Antiguidade e da Idade Média era rimada. Nos séculos 19 e 20, no entanto, os poetas, procurando um pouco mais de variedade de recursos, foram se desviando aos poucos rumo ao "verso branco", ou verso não-rimado. O verso branco é um efeito ainda mais sutil do que a rima toante. Muita gente pensa que o simples fato de não precisar rimar faz com que se possa dizer qualquer coisa que venha à cabeça. Mas é justamente no verso branco, em que não há um som obrigatório, que deve aparecer com plenos poderes o ouvido do poeta, o seu senso da musicalidade do verso, o uso consciente da variação de sonoridades. No verso rimado, basta repetir um mesmo efeito; no verso branco, é preciso criar um efeito novo a cada linha.

Veja-se o poema de Manuel Bandeira "Arte de amar":

> Se queres sentir a felicidade de amar, esquece a tua alma,
> A alma é que estraga o amor.
> Só em Deus ela pode encontrar satisfação.
> Não noutra alma.
> Só em Deus — ou fora do mundo.
>
> As almas são incomunicáveis.
>
> Deixa o teu corpo entender-se com outro corpo,
> Porque os corpos se entendem, mas as almas não.

Há dois pares de versos que rimam entre si: os versos 1 e 4, que terminam com "alma", e os versos 3 e 8, que terminam com "satisfação" e "não". Mas o poeta não faz o menor esforço para destacar essas rimas, para colocá-las com um mínimo de simetria e de conexão entre si. Surgem em linhas de diferentes tamanhos, e cada uma vem num instante diferente do movimento rítmico da fala. É como se o poeta quisesse desviar nossa atenção para o fato de que aquelas palavras rimam, porque o que ele quer mesmo é *não* rimar.

E por que não rimar? Por muitos motivos, e isso depende muito da afinidade entre a intuição acústica do poeta e a de cada leitor. No caso desse poema, com o tema que tem, o uso do verso branco veio reforçar a idéia de que o encontro amoroso entre duas pessoas não implica necessariamente um encontro espiritual, e às vezes precisa até ser o contrário disso. Num poema cujo movimento interior é o de métricas que nunca se repetem e rimas que nunca fazem conexão, Bandeira mostra que se pode fazer de um aparente desencontro uma forma mais sutil de harmonia. A idéia que o poeta sugere aplicar à vida, ele já está aplicando no próprio poema, como se dissesse: "Deixa as tuas palavras se conectarem entre si pelo sentido, porque o sentido delas as aproxima, mas a sonoridade não".

10.
MÚSICA: A MÉTRICA

Já existia poesia falada muitíssimo antes da poesia escrita. O carioca Millôr Fernandes lembra, com muita propriedade: "Não devemos esquecer que quem inventou o alfabeto foi um analfabeto". Quando as primeiras inscrições em tabletes de barro começaram a ser usadas, os povos que o fizeram já tinham uma cultura verbal muito rica. A escrita foi uma invenção de sociedades complexas. Sua cultura verbal e numérica tinha alcançado enorme importância. Era preciso encontrar meios para que suas mensagens pudessem ser transportadas através das distâncias e conservadas ao longo do tempo. Quando os poemas épicos de Homero foram escritos pela primeira vez já tinham a riqueza poética que têm hoje. A poesia escrita é filha da poesia falada e, como todas as filhas, acabou se tornando independente e construindo seu próprio mundo.

A métrica é uma das heranças mais interessantes que a canção primitiva deixou na poesia oral e escrita. A possibilidade de criar um ritmo musical com a simples alternância de sílabas fortes e sílabas fracas, sem recorrer a nenhuma melodia e a nenhum instrumento, ajudou a criar nos poetas e nos leitores um senso de estrutura. Há marcações que se repetem, que se alternam, que mudam, mas sempre dentro de um movimento rítmico maior.

Veja-se esta cadência:

di-di-DUM, di-di-DUM, di-di-di-DUM.

Dá para sentir a presença clara de três pequenos blocos em que sílabas fracas preparam a chegada de uma sílaba forte. Neste caso, temos um total de dez sílabas, em que o acento forte cai na terceira, depois na sexta, e por fim na décima. Essa métrica é a de um estilo usado pelos repentistas nordestinos com o nome de *martelo agalopado*. Os cantadores nordestinos costumam usá-la em estrofes de dez linhas, nos "motes em decassílabos". Os motes são versos dados ao repentista para que este improvise uma estrofe cujas últimas linhas são o mote proposto.

Ao poeta pernambucano Dimas Batista, por exemplo, propuseram o mote:

> Eu te amo, te prezo, te venero;
> só a morte separa o nosso amor!

Dimas improvisou na hora a seguinte estrofe:

> Eu te vi, tu me viste, nós nos vimos,
> eu te amei, tu me amaste, nos amamos,
> eu te olhei, tu me olhaste, nos olhamos,
> eu sorri, tu sorriste, nós sorrimos;
> eu senti, tu sentiste, nós sentimos
> os encantos de um sonho promissor...
> Encontrar-te ao meu lado, aonde eu for,
> é da vida a ventura que mais quero...
> Eu te amo, te prezo, te venero;
> só a morte separa o nosso amor!

A leitura métrica de um poema, mesmo um poema de métrica rígida e obrigatória, nem sempre é fácil. A leitura métrica ideal desse mote, por exemplo, "engolindo" algumas sílabas e destacando outras, é:

eu-te-Â, mo-te-PRÉ, zúi-ti-ve-NÉ (ro)
só-a-MOR, te-se-PA, ru-nos-sa-MOR.

É o mesmo "di-di-DUM, di-di-DUM, di-di-di-DUM", no qual é preciso encaixar a pronúncia de palavras de verdade. A primeira linha do mote termina com uma sílaba átona, o "...ro" final de "venero". Isto se deve a uma regra tradicional da contagem métrica: contamos apenas *até a última sílaba tônica* de cada linha. O que vier depois é como se fosse mudo. Isto se dá quando um verso termina com palavra paroxítona ou proparoxítona: VI (mos), a-MA (mos), di-NHEI (ro), va-ZI (o), sen-ti-MEN (to), MÉ (xi-co), no-TÍ (ci-a), a-TLÂN (ti-co), LÁ (gri-ma), ci-ne-ma-to-GRÁ (fi-co) etc.

Se cada palavra dessas for a última num verso, as sílabas em maiúsculas serão consideradas a última sílaba métrica do verso. No estudo da poesia no Brasil usa-se o conceito de "sílaba" para se medir a extensão ou o ritmo de um verso. Isso é fonte de uma certa confusão, porque muitas pessoas são levadas a contar as sílabas gramaticais, como aprenderam a contar na escola, e a conta geralmente não bate. Um verso de sete sílabas métricas, ou poéticas, muitas vezes chega a ter dez ou doze sílabas gramaticais. Na hora da leitura elas são habilmente fundidas umas às outras ou simplesmente engolidas, resultando na cadência final de sete batidas, umas fracas, outras fortes.

O mote acima, por exemplo, é um mote em versos de dez sílabas métricas; não importa que gramaticalmente ambas as linhas tenham doze sílabas.

No estudo da poesia de língua inglesa, essas sílabas são chamadas de "*beats*": batidas, pancadas. Há poetas que medem as cadências dos seus versos tamborilando com as pontas dos dedos sobre a mesa: di-DUM, di-di-di-DUM, di-di-di-DUM... Sejam chamadas de sílabas, ou de pancadas, ou de notas musicais, o que importa é que são as células básicas da métrica.

11.
VERSO LONGO E VERSO CURTO

Assim como podemos combinar pancadas fortes e pancadas fracas, também podemos fazer inesgotáveis combinações de versos longos e versos curtos.

Há um poema famoso do poeta maranhense Gonçalves Dias, "A tempestade" (1851), longo demais para ser transcrito aqui, em que ele começa com uma estrofe de versos de duas sílabas.

Um raio
fulgura
no espaço
esparso,
de luz;
e trêmulo
e puro
se aviva,
s'esquiva
rutila,
seduz!

A segunda estrofe tem versos de três sílabas, a estrofe seguinte, versos de quatro sílabas, e assim por diante. À medida que a tempestade vai se acumulando no ar, o número de versos em cada estrofe vai aumentando. Na estrofe de versos mais longos, a tempestade está no auge.

Nos últimos cimos dos montes erguidos
Já silva, já ruge do vento o pegão;
Estorcem-se os leques dos verdes palmares,
Volteiam, rebramam, doudejam nos ares,
Até que lascados baqueiam no chão.
Remexe-se a copa dos troncos altivos,
Transtorna-se, tolda, baqueia também;
E o vento, que as rochas abala no cerro,
Os troncos enlaça nas asas de ferro,
E atira-os raivoso dos montes além.

Daí em diante o número de sílabas vai diminuindo, entra em contagem regressiva, até que o fim da tempestade coincide com uma estrofe semelhante à inicial:

A folha
luzente
do orvalho
nitente
a gota
retrai:
vacila,
palpita;
mais grossa
hesita,
e treme
e cai.

Um poema como esse, se lido com atenção em voz alta, dá uma boa idéia da quantidade de ritmos disponíveis para os poetas.

Falei acima do decassílabo que chamamos de *martelo agalopado*. O decassílabo é muito usado na poesia brasileira; é talvez o segundo tipo de verso mais utilizado. O primeiro deve ser o verso de sete sílabas, que é chamado de heptassílabo ou, mais simplesmente, *setissílabo*. Assim como a "quadrinha" é o tipo de estrofe mais comum, o verso de sete sílabas está presente onde quer que a gente procure: na poesia erudita, na poesia de cordel, na marcha de carnaval, na letra de *rock*, no *rap*, na cantiga de roda, no folguedo folclórico, na canção de MPB.

Esse é o verso que irá ser estudado mais de perto ao longo deste livro. É o verso que um ouvido brasileiro reconhece com mais facilidade, e é o verso em que se baseia a imensa maioria dos poemas que compõem o Romanceiro Popular do Nordeste. Muitas vezes é chamado de *redondilha maior* (sendo a *redondilha menor* o verso de cinco sílabas).

O setissílabo é um verso com acentuação final da sétima sílaba, e em geral uma acentuação mediana que pode vir na terceira ou na quarta sílaba:

> a) di-di-DUM, di-di-di-DUM
> b) di-di-di-DUM, di-di-DUM

No primeiro verso temos uma seqüência de três sílabas e depois uma seqüência de quatro sílabas: 3-4. No segundo, é o contrário: 4-3.

Outra combinação de acentos muito usada é a que acentua a segunda, a quinta e a sétima sílabas:

> di-DUM, di-di-DUM, di-DUM (2-3-2)

Combinações destas três cadências são muito úteis quando estamos escrevendo um poema e não sabemos o que escrever na linha seguinte: faltam palavras. Cantarolar o ritmo do poema, usando essas cadências, ajuda a encontrar as palavras para preencher os versos.

Eis um exemplo, do início do poema "Lua adversa" da carioca Cecília Meireles (no livro *Vaga música*):

Tenho fases, como a lua. (3-4)
Fases de andar escondida, (4-3)
fases de vir para a rua... (4-3)
Perdição da minha vida! (3-4)
Perdição da vida minha! (3-4)
Tenho fases de ser tua, (3-4)
tenho outras de ser sozinha. (2-3-2)

A leitura métrica do último verso é: te-NHOU, tras-de-SER, so-ZI (nha).

12.
VERSO LIVRE

Todas as linhas de um poema têm que ser metrificadas assim, têm que ter um número fixo de sílabas? Claro que não. A poesia dos últimos cem anos foi a que mais explorou o *verso livre*, o verso em que cada linha pode ser do tamanho que o poeta bem entender, longa ou curta, com três ou com 17 ou com 25 sílabas, sem nunca repetir a mesma extensão. O estilo tradicional de fazer versos com linhas sempre da mesma extensão predominou na poesia brasileira até o começo do século 20, dando lugar então ao "poema moderno", que não usa rimas e cujas linhas são de diferentes tamanhos, sem formar uma estrutura regular.

Acontece com o *verso livre* algo parecido com o que ocorre com o *verso branco*, ou verso sem rima. Parece fácil — e realmente é muito cômodo, muito prático, e *muito fácil de fazer malfeito*. A métrica é uma regularidade rítmica, mas o uso do verso livre não dispensa o poeta de criar um ritmo com as frases que vai dizendo. Falta de cadência uniforme não quer dizer falta de ritmo. O ritmo pode ser conseguido com cadências regulares ou irregulares, como no conhecido poema de Manuel Bandeira, "Irene no céu":

> Irene preta
> Irene boa
> Irene sempre de bom humor.

Imagino Irene entrando no céu:
— Licença, meu branco!
E São Pedro bonachão:
— Entra, Irene. Você não precisa pedir licença.

Não temos versos com número exato e constante de sílabas — mas temos ritmo. Na primeira estrofe, esse ritmo é enfatizado com o nome de Irene dando início a cada linha. Há uma constante rítmica ao longo das linhas, uma cadência que acaba por nos sugerir que ela não passa de uma quadrinha com versos de quatro sílabas. Ao meu ouvido, essa cadência lembra os versos iniciais da canção de Antonio Maria e Fernando Lobo: "Ninguém me ama / ninguém me quer / ninguém me chama / de meu amor".

Na segunda estrofe, a extensão das linhas é irregular, mas o poeta faz uma estrutura simétrica que nos obriga, mesmo numa leitura silenciosa, a mudar de entonação, indo e voltando: narrador, fala de Irene; narrador, fala de São Pedro. É um sentido mais amplo de métrica, que já não tem mais a ver com contagem de sílabas, mas com a seqüência em que diferentes elementos do discurso vão se sucedendo ao longo do texto.

O verso livre permite a existência de poemas mais soltos, mais variados, e quando é usado por alguém que tem noção intuitiva de ritmo, pode ser muito mais satisfatório do que o ritmo obrigatório, e às vezes cansativo, dos poemas metrificados.

Parte II

A POESIA NARRATIVA

1.
O POEMA NÃO-NARRATIVO

A literatura oral é muito anterior à literatura escrita. É possível que o poema recitado em voz alta tenha aparecido ao mesmo tempo em que o poema *cantado*, equivalente ao que chamamos modernamente de "letra de música". Os versos mais antigos já inventados devem ter sido invocações aos deuses, ou quem sabe esses cânticos que acompanham os movimentos rítmicos de quem trabalha numa lavoura ou numa máquina rudimentar. Um vestígio desses cantos ainda resta em nossas brincadeiras infantis, como a cantiga "Escravos de Jó":

> Escravos de Jó
> jogavam caxangá...
> Escravos de Jó
> jogavam caxangá...
> Tira, bota, deixa o zabelê entrar...
> Guerreiro com guerreiro
> fazem zig, zig, zá!
> Guerreiro com guerreiro
> fazem zig, zig, zá!

É uma cantiga em que os participantes executam movimentos ritmados, seguindo a cadência do canto. O conteúdo da letra, neste caso, importa menos do que a harmonia entre gestos e ritmo.

Não consultei nenhum livro de folclore para transcrever os versos acima; tirei da memória. Foi dessa forma que aprendi os versos da cantiga, quando era pequeno, e assim ficou. Cada pessoa deve ouvir essa letra de um modo diferente. Longe de ser um problema, este é um aspecto positivo da literatura oral. Não existe "a" versão oficial de uma cantiga. A maioria das pessoas decora e repete as cantigas dentro das limitações de sua idade, de seu vocabulário, de sua cultura geral, de seu ouvido musical. Se pedirmos a mil pessoas para cantarem a mesma cançãozinha popular, teremos mil cançõezinhas, todas parecidas e todas diferentes. Se lhes pedirmos para nos contarem a história da Cinderela, teremos mil historiazinhas cujos episódios essenciais são sempre os mesmos, acompanhados por detalhes secundários que variam muito.

Os poemas narrativos mais antigos são histórias de batalhas ou de caçadas, são explicações sobre a criação do mundo e sobre como surgiu cada criatura, ou são registros de feitos guardados na memória da tribo (enchentes, pragas, anos de fartura), além das histórias sobre a vida e as façanhas de líderes e heróis.

A maior parte dos poemas de hoje são registros de impressões, de emoções, de lembranças. São descrições de ambientes ou de pessoas. São reflexões sobre assuntos abstratos, sobre temas afetivos, sociais ou filosóficos. O texto avança sem se prender a uma seqüência de acontecimentos. O poeta trabalha por associação de idéias, registrando os sentimentos e os pensamentos que lhe ocorrem, mas sem seguir um enredo. Veja-se, por exemplo, o poema "Estrada", de Manuel Bandeira:

> Esta estrada onde moro, entre duas voltas do caminho,
> Interessa mais que uma avenida urbana.
> Nas cidades todas as pessoas se parecem.
> Todo o mundo é igual. Todo o mundo é toda a gente.

Aqui, não: sente-se bem que cada um traz a sua alma.
Cada criatura é única.
Até os cães.
Estes cães da roça parecem homens de negócios:
Andam sempre preocupados.
E quanta gente vem e vai!
E tudo tem aquele caráter impressivo que faz meditar:
Enterro a pé ou a carrocinha de leite puxada por um
[bodezinho manhoso.
Nem falta o murmúrio da água, para sugerir, pela voz
[dos símbolos,
Que a vida passa! que a vida passa!
E que a mocidade vai acabar.

Também há outros poemas que reproduzem pequenos acontecimentos, mas de uma maneira não-narrativa. Eles não contam uma história: mostram um pequeno fato isolado e fazem alguma reflexão sobre o que ele significa. São *flashes* da vida cotidiana, momentos que o poeta consegue vislumbrar e registrar como se fosse um fotógrafo que por acaso ia passando com sua câmera em punho e gravasse para sempre aquele episódio, dando-lhe um significado que de outra forma não perceberíamos.

Eis um desses "pequenos acontecimentos", no poema "Máquina breve", de Cecília Meireles (em *Dispersos*):

O pequeno vaga-lume
com sua verde lanterna,
que passava pela sombra
inquietando a flor e a treva
— meteoro da noite, humilde,
dos horizontes da relva;
o pequeno vaga-lume,
queimada a sua lanterna,
jaz carbonizado e triste

e qualquer brisa o carrega:
mortalha de exíguas franjas
que foi seu corpo de festa.

Parecia uma esmeralda
e é um ponto negro na pedra.
Foi luz alada, pequena
estrela em rápida seta.

Quebrou-se a máquina breve
na precipitada queda.
E o maior sábio do mundo
sabe que não a conserta.

Não é um filme: é uma foto. É um momento estático, um pedaço imobilizado do presente, que no máximo nos permite imaginar o passado e o futuro daquele pequeno inseto e aceitar a reflexão que a autora faz nas últimas linhas. Mas ele não conta uma história.

2.
O POEMA NARRATIVO

Uma história tem uma estrutura do tipo começo-meio-fim. Tem uma sucessão de momentos encadeados entre si, que surgem, vão passando diante de nós e logo são substituídos por outros. Uma história é feita de passado, presente e futuro. Essa é uma das estruturas mais elementares que aprendemos na infância, e é de acordo com ela que interpretamos nossa vida e tudo que acontece à nossa volta.

Um típico poema narrativo é "A Serra do Rola-Moça", de Mário de Andrade:

> A Serra do Rola-Moça
> não tinha esse nome não...
>
> Eles eram do outro lado,
> vieram na vila casar.
> E atravessaram a serra,
> o noivo com a noiva dele
> cada qual no seu cavalo.
>
> Antes que chegasse a noite
> se lembraram de voltar.
> Disseram adeus pra todos
> e se puseram de novo
> pelos atalhos da serra
> cada qual no seu cavalo.
>
> Os dois estavam felizes,
> na altura tudo era paz.

Pelos caminhos estreitos
ele na frente, ela atrás.
E riam. Como eles riam!
Riam até sem razão.

A Serra do Rola-Moça
não tinha esse nome não...

As tribos rubras da tarde
rapidamente fugiam
e apressadas se escondiam
lá embaixo nos socavões,
temendo a noite que vinha.

Porém os dois continuavam
cada qual no seu cavalo.
E riam. Como eles riam!
E os risos também casavam
com as risadas dos cascalhos,
que pulando levianinhos
da vereda se soltavam,
buscando o despenhadeiro.

Ai, Fortuna inviolável!
O casco pisara em falso.
Dão noiva e cavalo um salto
precipitados no abismo.
Nem o baque se escutou.
Fez-se um silêncio de morte,
na altura tudo era paz...
Chicoteando o cavalo,
no vão do despenhadeiro
o noivo se despenhou.

E a Serra do Rola-Moça
Rola-Moça se chamou.

Para uma história como esta fazer sentido, nem precisamos saber quem eram as pessoas que nela tomaram parte. Não interessa muito quem eram o rapaz e a moça, não interessa o lugar onde moravam. São como personagens de uma anedota, que precisam ser definidos apenas em função do papel que vão desempenhar na história: "*Um sujeito entrou no bar e pediu uma cerveja...*". Não precisamos descrever fisicamente o sujeito, nem dar-lhe um nome. O erro de muitas pessoas que não sabem contar piadas é alongar-se em detalhes que nada têm a ver com a história. No poema de Mário de Andrade, não interessa sequer, do ponto de vista poético, se existe de fato em algum lugar do Brasil uma serra chamada de Rola-Moça, e se este nome se deve a um fato como o que foi contado pelo poeta. A história deve valer pelo que se encerra dentro dela, e não pelas coisas "de fora" a que se refere.

Esse poema se assemelha às lendas antigas que contam como surgiram certos aspectos do mundo. Você sabe por que é que o jabuti tem o casco todo partido? Você sabe por que é que aquela pedra enorme tem a forma de um sapo? Você sabe por que é que esse rio se chama Amazonas? Você sabe por que é que essa serra se chama Rola-Moça? Há sempre uma história, verdadeira ou inventada, para explicar animais, plantas ou lugares que existem ao nosso redor.

O poema cria um certo suspense, porque desde o início nos sugere que vai explicar a origem do nome da serra. É uma sugestão com alguma coisa de ameaça. Ela abre o poema, é lembrada de novo lá pelo meio, e no fim, com o fato já explicado, serve de desfecho. O suspense surge por estarmos com as palavras "rola moça" ressoando em nossa memória e começarmos a ouvir a história de um jovem casal, galopando à beira do abismo, já ao anoitecer... A própria queda da moça é avisada pela imagem dos cascalhos que "*... se soltavam, buscando o despenhadeiro*".

O poema de Mário tem extensão mediana. É um poema que pode servir muito bem para recitação: não é muito curto nem muito longo, tem uma cadência firme, apoiada no verso setissílabo. Usa rimas (toantes ou exatas) sem nenhum padrão aparente; usa as rimas nos lugares que lhe convém. Nesse sentido, é um poema bem livre de regras, típico do Modernismo brasileiro.

Já falei dos grandes poemas narrativos: a *Ilíada*, *A divina comédia*, *Os Lusíadas*... É possível ser narrativo também num poema curto, com pouco espaço para desenvolver aventuras, peripécias etc.? Claro que sim. Vou fazer uma tentativa; contarei uma história completa em apenas quatro linhas:

Nasceu na palha dos pobres.
Cresceu, foi rei e foi réu.
Morreu na cruz dos romanos.
Voltou à Terra e ao Céu.

Ninguém pode negar que foi contada uma história completa, a vida de um personagem, mas é bom ter em mente que se trata da história mais conhecida da nossa cultura. E o que fiz não foi propriamente contar a história, mas evocar seus episódios mais característicos. Estão todos lá, principalmente na releitura, quando já matamos a charada. Na primeira leitura, é possível que alguns leitores só percebam quem é o personagem quando lerem a terceira linha.

Isso sugere uma coisa importante dentro da arte da narrativa (que pode incluir romance, cinema, teatro, quadrinhos etc.): quando contamos uma história, *nunca contamos a história inteira*. Toda história contada é uma seleção de episódios dentro da história imaginada ou acontecida. Quem conta uma história já conhecida, seja um conto de fadas, seja um episódio da História, seja uma anedota, seja uma lenda do folclore local, presume que pode fazer as variações que bem entender, desde que se mantenha fiel a um certo número de fatos. Um exercício interessante para isso seria um grupo de pessoas onde A contasse uma pequena história a B, a sós, depois B fizesse o mesmo com C, e assim por diante. Gravar, transcrever e comparar essas narrativas seria uma maneira interessante de comparar os modos mais eficazes de dizer uma mesma coisa.

O soneto, com seus catorze versos obrigatórios, foi muito usado para a narração de pequenos episódios. Um exemplo é "O morcego", do paraibano Augusto dos Anjos:

Meia-noite. Ao meu quarto me recolho.
Meus Deus! E este morcego! E, agora, vede:
na bruta ardência orgânica da sede,
morde-me a goela ígneo e escaldante molho.

"Vou mandar levantar outra parede..."
— digo. Ergo-me a tremer. Fecho o ferrolho
e olho o teto. E vejo-o ainda, igual a um olho,
circularmente sobre a minha rede!

Pego de um pau. Esforços faço. Chego
a tocá-lo. Minh'alma se concentra.
Que ventre produziu tão feio parto?

A Consciência Humana é este morcego!
Por mais que a gente faça, à noite, ele entra
imperceptivelmente em nosso quarto!

Augusto dos Anjos, que morreu em 1914, afirmou certa vez que compunha seus poemas mentalmente, e só depois de dar-lhes forma definitiva é que os passava para o papel. Se este soneto foi composto assim, parece ter sido um bom exercício de disciplina métrica. Algumas frases começam a certa altura de um verso e só são concluídas no verso seguinte, como nas linhas 2 e 3 do segundo quarteto, e nas linhas 1 e 2 do primeiro terceto, o que exige boa memória e controle rítmico apurado. (A frase interrompida no final do verso para continuar no verso seguinte é chamada de "enjambement" ou "encadeamento".)

O poeta conta aqui um episódio muito curto: um morcego entra durante a noite no quarto de uma pessoa, que tenta afugentá-lo mas não consegue. Toda a narrativa é feita no presente do indicativo, em frases muito curtas, que em geral começam com verbos, e dão a idéia de uma pessoa num momento de susto e de instintiva defesa. O terceto final, no entanto, é composto de frases mais longas, num ritmo mais amplo, com vocabulário diferente e um tom de voz totalmente outro. Nele, o poeta nos fornece a "moral da história", o seu sentido alegórico que vai muito além daquele episodiozinho banal.

É possível afirmar que os três últimos versos foram imaginados primeiro. Depois de escolher o tema (a aparição assustadora de um morcego), o poeta compôs os três últimos versos. Como a última linha rimava em "quarto", ele procurou alguma rima, encontrou "parto", e isso lhe deu a terceira linha do segundo terceto, que é uma brilhante síntese de fascinação e repulsa: "Que ventre produziu tão feio parto?" O último terceto foi, claramente, composto antes: suas três rimas ("morcego", "entra" e "quarto") são detalhes essenciais da narrativa, e as outras três ("chego", "concentra" e "parto") são palavras que só estão ali porque rimam, e coube ao poeta encaixá-las no assunto da melhor maneira possível.

O episódio é talvez autobiográfico, pois não é difícil imaginar que as velhas casas onde o poeta viveu eram cheias de morcegos à noite. O verso "Vou mandar levantar outra parede" sugere aquelas casas, tão comuns no Nordeste ainda hoje, onde os quartos são separados uns dos outros por meias-paredes, com mais de dois metros de altura, que não se prolongam até o telhado. Assim, não adianta ao poeta cerrar a porta e fechar o ferrolho: ao erguer os olhos, ele vê que o morcego, como previa, já está esvoaçando sobre a rede onde ele pretende dormir. Outro detalhe curioso é o verso "morde-me a goela ígneo e escaldante molho", que me sugere não a sede, como o poeta alega, mas uma golfada de azia, com sucos gástricos que sobem pelo esôfago até a garganta. O propósito do verso, contudo, é infiltrar no poema a expressão "morde-me a goela", que no contexto é uma evocação velada do mito do vampiro.

Note-se que na 11ª linha acaba a narrativa do poema, e as três linhas restantes são a sua moral da história. Isso coloca um dilema muito freqüente numa narrativa. Ao encerrá-la, o que é melhor: propor ao leitor uma moral, uma mensagem alegórica para a história contada, ou deixar que a história fale por si só, sem explicações? Acho um bom exercício escrever as duas versões, compará-las, e ver qual das duas funciona melhor. Incluir uma "moral da história" ajuda a fixar uma idéia muito complexa, a que o leitor não chegaria por si só. A desvantagem é que às vezes isso empobrece a leitura do poema, limitando-o a um único significado.

A moral da história sugerida por Augusto dos Anjos pode ser vista de várias maneiras. Primeiro ele trata a Consciência Humana (veja-se a deliberação com que ele usa as iniciais maiúsculas, quase que personificando o conceito) como uma presença física, de alguém que percebe a existência dele, do poeta; para isso usa a imagem notável do morcego "como um olho" a vigiá-lo. Mesmo ao se trancar no seu último reduto de defesa, seu quarto de dormir, na hora mais escura da noite, o poeta sabe que não pode ficar a salvo da presença mental dos outros seres humanos. Sabem quem ele é. Vigiam seus passos. Precisam ser mantidos à distância. "O morcego" é uma história que para se transformar numa fantasia paranóica precisaria apenas que o poeta visse as últimas linhas como uma verdade ao pé da letra, e não uma mera alegoria.

Vejo outra leitura, também. Nessa, quando o poeta diz "a Consciência Humana" não se refere à mente alheia, mas à dele próprio. É como se dissesse: "Vejam como a nossa mente é uma coisa misteriosa! Por mais que a gente procure pensar apenas em coisas simples e práticas da vida, a toda hora ficam nos aparecendo visões fantásticas, inexplicáveis, aterrorizantes". O que é um retrato da sua obra poética.

O soneto de Augusto dos Anjos narra um episódio que transcorre em alguns minutos, no máximo. Esse raio de ação pode ser mais amplo. A história contada em "A Serra do Rola-Moça" dura um fim de tarde e um começo de noite, mas reverbera por um período de tempo muito maior, pois é sugerida como uma história que vem sendo recontada há muitas gerações.

Uma experiência curiosa de poema narrativo é o texto abaixo, de Carlos Drummond de Andrade, com o título de "Balada do amor através das idades".

> Eu te gosto, você me gosta
> desde tempos imemoriais.
> Eu era grego, você troiana,
> troiana mas não Helena.
> Saí do cavalo de pau
> para matar seu irmão.
> Matei, brigamos, morremos.
>
> Virei soldado romano
> perseguidor de cristãos.
> Na porta da catacumba
> encontrei-te novamente.
> Mas quando vi você nua
> caída na areia do circo
> e o leão que vinha vindo,
> dei um pulo desesperado
> e o leão comeu nós dois.
>
> Depois fui pirata mouro,
> flagelo da Tripolitânia.
> Toquei fogo na fragata
> onde você se escondia

da fúria de meu bergantim.
Mas quando ia te pegar
e te fazer minha escrava,
você fez o sinal-da-cruz
e rasgou o peito a punhal...
Me suicidei também.

Depois (tempos mais amenos)
fui cortesão em Versailles,
espirituoso e devasso.
Você cismou de ser freira...
Pulei muro de convento
mas complicações políticas
nos levaram à guilhotina.

Hoje sou moço moderno,
remo, pulo, danço, boxo,
tenho dinheiro no banco.
Você é uma loura notável,
boxa, dança, pula, rema.
Seu pai é que não faz gosto.
Mas depois de mil peripécias,
eu, herói da Paramount,
te abraço, beijo e casamos.

É um poema de versos brancos, sem a menor preocupação em rimar nada com nada; quanto à métrica, o poema alterna de modo irregular versos de sete e de oito sílabas. O mais interessante dele é seu lado narrativo. Podemos dizer que ele conta cinco histórias ou que conta apenas uma. Os dois personagens são o "eu" que narra e o "você" a quem ele se dirige, e esses dois personagens se encontram ao longo de cinco cenários, em épocas mais ou menos fáceis de identificar: guerra de Tróia, Roma no tempo dos cristãos, Mediterrâneo por volta do século 15, Revolução Francesa, tempos modernos. São cinco histórias diferentes, mas a insistência no "eu" e no "você" unifica os destinos dos personagens, a tal ponto que já vi o poema incluído numa antologia de poemas espíritas, como ilustração do fenômeno da reencarnação.

São, portanto, quatro histórias de amor frustradas, e uma quinta com final feliz. Um final bem à moda dos filmes da Paramount, símbolo da modernidade da época — o poema é do livro *Alguma poesia*, de 1930, no final do cinema mudo. A própria linguagem fragmentada das narrativas, seu excesso de elementos típicos, os rasgos melodramáticos mostrados com certo distanciamento, os saltos bruscos que às vezes transpõem muitos anos de uma linha para outra, tudo isso nos evoca a narrativa meio acelerada e meio desconexa dos velhos filmes mudos.

O poema de Drummond é um dos poucos exemplos em sua obra em que ele usa a cadência do verso de sete sílabas para contar uma história, aproximando-se dos poetas do Romanceiro. E já que falamos mais uma vez no Romanceiro, vamos examiná-lo mais de perto.

3.
O ROMANCEIRO IBÉRICO

Todas as literaturas têm poemas narrativos muito antigos, alguns de autoria anônima, que foram transmitidos oralmente através de muitos séculos. Sua origem é oral, mas ganharam vida nova com a invenção da imprensa: multiplicaram-se mais depressa, alcançaram lugares mais distantes, puderam ser mais bem preservados. Em português, o termo "romance" designa cada poema isolado, e "romanceiro", o conjunto deles todos, bem como as antologias ou coletâneas nas quais são publicados. Nos países de língua inglesa, esses poemas são em geral denominados de "ballads" (baladas), e seu conjunto de "balladry".

Chamamos de Romanceiro Ibérico ao conjunto de poemas de Portugal e da Espanha. Apesar de se tratar de países de línguas diferentes, a história dos dois é muito interligada, e foram eles os países que colonizaram a América do Sul. Qualquer poeta deste continente, não importa a língua que fale, tem alguma dívida para com o Romanceiro Ibérico.

Não existe um formato fixo para os romances ibéricos, mas a maioria deles tem algumas características em comum. Um típico romance ibérico é uma história contada em versos de sete sílabas (ou, mais raramente, de cinco). Pode ter uma rima única, que se repete nos versos pares, ou pode usar diferentes rimas, dispostas sem regularidade. Essas rimas podem ser exatas ou toantes. Não existem estrofes com número obrigatório de linhas; na verdade, a maioria dos romances ibéricos poderia ser transcrita como um longo poema de estrofe única, rimando no esquema AB-CB-DB-EB-FB...

Um exemplo é este romance anônimo espanhol, "O Namorado e a Morte" (a tradução é de Clotilde Tavares):

Era noite, e o Namorado
por sobre o leito dormia.
Sonhava com sua amada
que em seus braços acolhia.
Viu entrar dama tão branca,
muito mais que a neve fria;
pensou que era a namorada
que para ele corria.
— Por onde entraste, paixão?
Como entraste, minha vida?
Se as portas estão trancadas
por causa da ventania?
— Eu não sou a tua amada.
Vê minha mão como é fria!
Repara que sou a Morte
Destino que Deus te envia.
— Ai, Morte tão rigorosa,
deixa-me viver um dia!
Um dia só, te suplico!
Depois, contigo eu iria.
— Um dia não pode ser:
uma hora tens de vida
e nem um segundo a mais
te darei para que vivas.

Calçou botas e vestiu
seu gibão de montaria;
saiu correndo na noite
enquanto todos dormiam,
bateu à porta da casa
em que seu amor vivia.

— Abre a porta, meu amor!
Abre-me a porta, querida!
— Como poderei abrir
se a hora não é bem-vinda?
Meu pai hoje está em casa,
minha mãe não está dormindo.
— Se não me abrires agora
não me abrirás mais, querida:
a Morte está me buscando
para tirar-me da Vida,
mas se eu ficar ao teu lado
teu amor me salvaria.
— Vem para o pé da janela
e presta atenção, querido:
pega esta corda de seda;
por ela subas acima...
Se a corda não for bastante,
as tranças te jogaria.

E quando o jovem ansioso
desesperado subia
a frágil corda rompeu-se
enquanto a Morte surgia
e nos seus braços sem carne
o Namorado caía...
— Eu sou a única certeza
que podes ter nesta vida.
Vamos, vamos, Namorado
que a hora já está cumprida.

É um poema em redondilha maior, ou seja, em versos de sete sílabas. A rima ocorre nos versos pares, e este pode ser chamado poema de rima única, porque alterna rimas exatas e rimas toantes, baseadas na seqüência de sons "IA" (dormIA — vIDA — vIVAS — dormIAM...).

Do ponto de vista narrativo, temos aqui uma história que transcorre em pouco mais de uma hora. Mais uma vez, não temos a menor idéia da época ou do lugar onde os fatos acontecem. Os únicos detalhes materiais que aparecem são "leito", "portas", "botas", "gibão de montaria", "janela", "corda de seda". O romance pode ter sido escrito há mais de 500 anos, mas poderia acontecer hoje mesmo — no interior do Brasil, dos Estados Unidos, da Turquia, da Rússia, do México... O fato de que os personagens não têm nome (como ocorre também em "A Serra do Rola-Moça") universaliza a história sem diminuir a carga emocional do poema, pois para entender os sentimentos do Namorado e da Amada não precisamos saber quem são.

Outro aspecto importante é que em "O Namorado e a Morte" o poeta dá voz aos seus personagens, ao contrário de poemas onde tudo é contado através de uma única voz: um narrador impessoal ("A Serra do Rola-Moça") ou um dos personagens ("Balada do amor através das idades"). Usando o diálogo entre o Namorado, a Morte e a Amada, o poeta enriquece a narrativa, torna-a mais próxima, como se víssemos algo acontecendo, e não apenas o que já se passou e está sendo contado.

O uso do diálogo ganha muito mais força neste outro exemplo de romance com muitos séculos, a "Xácara do cego andante" ou "Aninha e o cego" ("xácara", assim mesmo com "x", é uma das muitas denominações dos poemas narrativos ibéricos). Repare que este poema tem como base versos que se alternam entre quatro e seis sílabas.

— Me dê uma esmola
pelo amor de Deus,
pra quem não tem mais nada
e já teve de seu.
Sou um pobre cego
que ando sozinho,

faz dias que não como
nem um bocadinho.
— Alevanta filha,
alevanta Aninha,
dá comida pro cego
lá na cozinha.
— Deus acrescente
a quem tira do seu
pra dar aos pobres
que ainda não comeu.
Agora não sei
como é que vou
por esses caminhos
onde Cristo não andou.
— Te prepara, Aninha,
e vai ensinar
o caminho pro cego
até ele acertar.
— Da boca da mata
é aqui o caminho.
Agora, irmão,
já pode ir sozinho.
— Anda, anda, Aninha
mais um bocadinho,
senão eu me perco
por estes caminhos.
— Estou longe de casa,
tenho de voltar.
— Não me deixa na mata,
não vá me deixar.
— Ó Virgem Maria,
vem me acudir!
Me perdi na mata,
não sei mais sair.
Adeus, minha mãe!

Por que me enganaste?
— Caminha, menina,
seu choro não gaste.
— Adeus, minha mãe!
Por que me enganou?
Por montes e vales
perdida me vou.
— Menina, não chore,
nós vamos casar.
Me fingi de cego
para te buscar.
— Se tu não eras cego,
por que não dizias?
— Se eu te pedisse,
tua mãe não daria.
— Por conde e barão
eu já fui pedida
e hoje não sei
por quem estou perdida.
— Não temas, Aninha,
sou conde barão,
de espora no pé
e espada na mão.
— Valha-me Deus
e a Virgem Maria!
Caso com fidalgo
de cavalaria.

É uma história com começo, meio e fim, com um elemento de suspense (a moça que se vê sozinha num bosque, atraída por um desconhecido), de surpresa (o cego era na verdade um jovem apaixonado usando um truque) e um final feliz que não fica muito distante do "filme da Paramount" de Carlos Drummond: o falso cego é um nobre cavaleiro que só quer mesmo é casar com a mocinha humilde.

Além da beleza poética que tem, esse romance ou xácara é uma pequena lição de como contar uma história. É um poema simples e sofisticado ao mesmo tempo. Em primeiro lugar, não há narrador: a história se conta através apenas das vozes dos personagens. Parece uma novela de rádio, ou uma peça de teatro no escuro, ou uma história em quadrinhos em que não há nenhum desenho e aparecem apenas os balões com as falas dos personagens. As falas revelam tudo que há para revelar, sem que seja necessária a interferência de um narrador.

Nas falas, não há indicação de quem diz o quê: deduzimos pelo contexto. Há um homem que pede esmola numa casa; há uma moça ou menina chamada Aninha; há uma pessoa adulta que não sabemos por enquanto se é o pai ou a mãe dela. Quando ouvimos a primeira fala de Aninha ("Da boca da mata / é aqui o caminho..."), entendemos que houve uma elipse, ou passagem de tempo, eliminando todo o trajeto desde a casa até a entrada do bosque. Quando Aninha penetra longe demais no bosque e sente-se perdida, queixa-se da mãe ("Adeus, minha mãe! / Por que me enganaste?"), e só então identificamos, em retrospecto, de quem era aquela voz inicial (mas não importa, a história pôde avançar sem que isso fizesse diferença).

O poema não diz se, na revelação final, o falso cego se livra do seu disfarce (que podemos imaginar: um capote sujo, um bastão, uma barba falsa...) e de fato se revela como um cavaleiro jovem, bonito e bem vestido. Nossa imaginação completa tudo que o poema não diz; mas só é capaz de fazê-lo porque ele nos disse tudo que era essencial para a compreensão da história.

4.
COMO CONTAR UMA HISTÓRIA

Contar histórias é algo tão importante em nossa cultura que todo mundo quer aprender e todo mundo acha que sabe ensinar. É uma atividade que envolve raciocínio e intuição. A parte que envolve raciocínio pode ser ensinada, ou pelo menos pode ser transformada em regras ou instruções; a parte intuitiva fica a cargo de cada um, como aliás quase tudo na vida. Aprender a maioria das coisas é como aprender a andar: só se aprende fazendo. Todas as pessoas andam, mas ninguém ensina ninguém a andar. Todo ser humano aprende a andar sozinho. O máximo que os pais podem fazer é amparar, evitar as quedas etc., mas é impossível fornecer uma base teórica à criança: "*Primeiramente, deve-se contrair os músculos da perna, dobrando-a à altura do joelho e erguendo o pé correspondente até que ele perca contato com o chão. Em seguida, deve-se projetar o corpo para diante...*". Não, não é assim.

Uma boa maneira de avaliar quem sabe e quem não sabe contar uma história é ver um grupo de amigos contando anedotas. Todos nós conhecemos pessoas que são excelentes contadoras de piadas, e outras que são um verdadeiro desastre. Qualquer um de nós já ouviu uma piada engraçadíssima, que provocou gargalhada geral, e no outro dia, ao tentar contá-la, produziu apenas uns sorrisinhos amarelos e algum comentário como "Ah, sei... entendi...". Por quê? Afinal, a piada não era a mesma? Era e não era. Uma piada é a soma da *história que é contada* e do *modo de contá-la*. Esse modo de contar se apóia muitas vezes no jeito pessoal do contador: a voz, as expressões faciais, a gesticulação expressiva. Esses, no entanto, são recursos que não se pode transpor para o papel. Outros recursos, porém, têm tudo a ver com a técnica de contar histórias por escrito: é o caso daquele sexto sentido que é chamado em inglês de *timing*, ou "intuição do tempo certo". Consiste em saber o tempo certo de duração de cada efeito e o momento de introduzir um efeito novo.

Vejamos uma piada que encontrei há algum tempo na Internet:

> O detetive Sherlock Holmes e seu fiel companheiro, o Dr. Watson, aproveitam as férias de verão e vão acampar no interior. Ao anoitecer, armam a barraca numa clareira junto a um bosque e adormecem. No meio da noite, Holmes acorda o companheiro.
>
> — Meu caro Watson... quando você vê este céu maravilhoso, cheio de constelações, em que pensa?
>
> — Ora, Holmes... Penso em como é grande o Universo, cheio de galáxias, de planetas, de mundos talvez semelhantes ao nosso... E você, pensa o quê?
>
> — Penso que alguém roubou nossa barraca.

Se você riu, fico aliviado, porque embora tenha copiado a piada para o meu computador, não recorri a essa cópia: contei de memória, que é como as piadas devem ser contadas. Se rimos de uma piada é porque percebemos o que há de engraçado nela e, ao recontá-la, instintivamente procuramos reproduzir o modo como esse elemento engraçado surgiu na nossa mente. A grande maioria das piadas repousa numa surpresa, numa reviravolta que ocorre geralmente na última linha ou última frase (que em inglês é chamada de *punchline*, um termo técnico muito empregado entre nossos roteiristas de cinema e TV).

Existem maneiras erradas e maneiras certas de contar uma anedota. Suponhamos que alguém pegue a mesma piada acima e resolva contá-la da seguinte forma:

> Dois caras estão num acampamento, e de noite um deles diz ao outro:
>
> — Quando você vê este céu maravilhoso, cheio de constelações, em que pensa?
>
> — Penso em como é grande o Universo, cheio de galáxias, de planetas, de mundos talvez semelhantes ao nosso... E você, pensa o quê?
>
> — Penso que alguém roubou nossa barraca.

Esta versão é igual à primeira, com exceção do primeiro parágrafo e da omissão dos nomes dos personagens no diálogo. Foram omitidos vários elementos essenciais para a "graça" da piada, e o resultado não é mais o mesmo. Principais problemas:

a) O fato de que os personagens da primeira versão são Sherlock Holmes e Watson torna a história mais engraçada. Dando aos protagonistas esses nomes, já definimos quem são: um sujeito cerebral, pragmático, e um sujeito meio bitolado, incapaz de enxergar o óbvio. Caracterizá-los assim ajuda a preparar o desfecho.

b) Na segunda versão da piada não foi dito, em nenhum momento, que os dois estavam dormindo numa barraca. Poderiam estar numa cabana de troncos, ou ao ar livre, ou em redes, ou sei lá onde. Como a informação sobre a barraca só é dada na frase final, o ouvinte não estava pronto para a surpresa; não houve preparação.

c) Na segunda versão também não foi dito que os dois tinham dormido algumas horas, antes de travarem o diálogo. O ouvinte pode perfeitamente estar pensando que os dois estão batendo papo junto à fogueira, e a notícia sobre o roubo da barraca parece surgir do nada. A piada só tem graça se alguém tiver conseguido roubar a barraca com os dois adormecidos dentro dela.

Para contar bem uma piada é preciso preparar o desfecho. Na primeira das versões acima, o parágrafo inicial é meio longo, mas tem uma função. Damos nomes aos personagens para tornar mais plausíveis as reações diferentes que terão no final. Falei em "férias de verão" porque, usando personagens europeus, é melhor deixar claro que não há neve, chuva etc. Na frase "armam a barraca numa clareira, junto a um bosque, e adormecem", há elementos sem importância (clareira e bosque) mas que estão aí para complementar a paisagem e desviar um pouco a atenção do ouvinte (mas só um pouco!) dos elementos essenciais, que são *barraca* e *adormecem*. É essencial, para que o *punchline* funcione, que o ouvinte saiba que eles estão numa barraca, mas só se lembre disso quando Holmes disser a frase final.

Eis outra maneira errada de contar a mesma história:

> Era uma noite quente de verão, e o detetive Sherlock Holmes estava acampando no interior, junto com seu fiel companheiro, o Dr. Watson. Os dois armaram sua barraca à beira de um rio, com certa dificuldade para fincar as estacas e prender a lona, e lá dentro colocaram suas mochilas com roupas, livros e objetos de uso pessoal. Depois de um jantar improvisado mas apetitoso, os dois passaram algum tempo fumando cachimbo e conversando, e depois resolveram recolher-se.
>
> Entraram para a escuridão acolhedora no interior da barraca, e cada um deles se enfiou no seu saco de dormir. Adormeceram logo, mas depois de algumas horas de sono, Holmes despertou. Olhando para cima, ele ficou contemplando o céu estrelado. Estendeu o braço e sacudiu o ombro do companheiro, que ressonava ao lado.
>
> — Meu caro Watson... quando você vê este céu maravilhoso, cheio de constelações, em que pensa?

— Ora, Holmes... Penso em como é grande o Universo, cheio de galáxias, de planetas, de mundos talvez semelhantes ao nosso... E você, pensa o quê?

— Penso que alguém roubou nossa barraca.

Mais uma vez, a parte final é a mesma da primeira versão, mas os dois primeiros parágrafos estão cheios de erros. Desta vez, o problema não foi omitir as informações essenciais, e sim dar informações em demasia. Há tantos detalhes sobre a barraca que ela ganha uma presença física muito intensa. Quando o narrador diz que Holmes despertou e ficou contemplando o céu estrelado, a primeira reação do ouvinte, muito antes de ouvir o desfecho, é perguntar: "Ué... cadê a barraca?".

5.
ELEMENTOS DE UMA HISTÓRIA

Os elementos básicos para se contar uma história são:

1. *Descrição*. Mostrar o ambiente onde os fatos acontecem, mostrar os personagens. Alguns tipos de história requerem pouca descrição, como vimos na "Xácara do cego andante". Outras usam descrições cheias de detalhe, como em "A Serra do Rola-Moça", para criar o clima de suspense que prepara a morte dos dois jovens. Na "Balada do amor através das idades", o poeta não tem que descrever um ambiente físico, e sim diferentes épocas, ambientes *históricos*, e o faz com boa quantidade de elementos típicos.

2. *Ação*. É o básico: contar o que está sucedendo. A maior parte das narrativas se concentra neste aspecto, mas há muitas maneiras de torná-lo presente. Na "Xácara do cego andante", basta o diálogo para entendermos tudo que está acontecendo, o que é uma pequena façanha.

3. *Diálogo*. Mostrar a fala dos personagens não é apenas reproduzir um bate-papo entre eles. O diálogo deve complementar a ação e a descrição. O diálogo sugere fatos ou circunstâncias sem que o narrador tenha que explicá-los ao leitor.

4. *Narração*. A narração é todo o texto em que o autor faz seus comentários sobre o que está acontecendo, descreve os sentimentos dos personagens, dirige-se ao leitor, evoca fatos passados ou futuros, e assim por diante. O narrador "esquece" a história e fala diretamente ao leitor.

Uma narrativa, seja ela em prosa ou em verso, apresenta uma mistura destes quatro elementos. Saber mesclar os quatro é uma arte parecida com a culinária. O aprendiz tem que fazer muitas experiências até acertar a mão, descobrir a proporção ideal dos ingredientes em cada prato. Romancistas do século 19 costumavam fazer descrições longas e minuciosas das mansões, das roupas, das ruas da cidade. Alguns romancistas atuais, como Gabriel García Márquez, usam muito pouco o diálogo, preferindo narrar de maneira indireta as conversas entre os personagens. A influência do cinema no século 20 fez surgir gerações de escritores concentrados na ação: eles relatam o que sucede aos personagens como se os víssemos de fora, sem acesso aos seus pensamentos.

Para contar uma história em verso, no entanto, é preciso ter em mente não só esses elementos, mas os que vimos nas páginas anteriores — a idéia, a música, a imagem. Sou tentado a dizer que contar uma história num poema é mais difícil do que contá-la em prosa, mas isso seria falsear o problema. "Difícil" e "fácil" têm significados diferentes para pessoas diferentes. Alguns poetas não conseguem escrever um simples conto, mas fazem versos metrificados e rimados com a facilidade de quem cantarola uma musiquinha antiga. Outros autores são incapazes de distinguir um verso de sete sílabas de um de dez, mas são capazes de contar uma história com dezenas de personagens e centenas de páginas sem perder de vista um só detalhe. São poucos os autores igualmente bons na poesia e na prosa.

Eis uma pequena história lindamente contada por Cecília Meireles, utilizando elementos formais do Romanceiro Ibérico, já a partir do título, "Romancinho":

> Disseram que ele não vinha:
> mas assim mesmo o esperei.
> Veio o rei, veio a rainha,
> — não veio o filho do rei!

Pelo vale mais profundo,
sozinha, alta noite, andei.
Dentre as pedras, dentre os lodos,
lírios brancos arranquei.
Fui buscar os lírios todos
— últimos lírios do mundo! —
pra dar ao filho do rei.

Ouvi tremerem os campos.
Correndo, aos campos tornei.
Entre azulados relampos,
descia do céu à terra
coche sobrenatural,
com sete cavalos brancos,
arreios de ouro e veludo,
cascos de prata brunida,
campainhas de cristal,
— Luz da noite! Alma da vida!
toda a crina entretecida
de turquesa e de coral.

O suor, na curva dos flancos,
a escuma, no ouro dos freios,
eram só de aljôfar miúdo.

Ia às bodas? Ia à guerra?
Nenhum cocheiro se via.
Tão depressa, aonde iria?

Sete cavalos, na frente,
cintilando em seus arreios:
em cada orelha, uma rosa,
em cada rosa, uma lua,
em cada lua, um diamante
talhado em quarto crescente,
talhado em quarto minguante...

E atrás, no coche de prata,
com cortinas de escarlata,
sentado, o filho do rei.

Para avistar-lhe o semblante,
ganhar a mirada sua,
deslumbrada e pressurosa,
toda me precipitei.

Passaram sobre o meu peito
quatro rodas de marfim.
Não vi o filho do rei,
tão bonito, tão perfeito,
que não era para mim...
(Ia às bodas? Ia à guerra?)

Quatro rodas encarnadas,
recentemente pintadas,
correm no mundo sem fim...

Sete cavalos luzentes,
do mais luzente cetim,
com aljôfar pelos flancos,
vão atravessando a terra,
mastigando lírios brancos
com seus dentes de rubim...

É um poema em redondilha maior (versos de sete sílabas), com rimas exatas, mas sem esquema fixo, e com onze estrofes também irregulares, cada uma com diferente número de versos. Não há nenhuma preocupação em obedecer a um formato fixo de estrofe: as linhas em branco que separam uma estrofe da outra aparecem apenas para fazer pontuação na narrativa, inserindo pausas onde é necessário. É um formato tão legítimo quanto usar estrofes uniformes, todas com o mesmo número de linhas.

A história é muito simples. Uma moça espera a passagem de um príncipe — que ela não chama de "príncipe", e sim de "o filho do rei", o que ajuda bastante em termos de rima. Quando finalmente a carruagem do príncipe aparece, passa por cima dela, matando-a. Mais uma vez, é uma história fora do tempo e do espaço: não sabemos em que país ocorre, nem como se chamam as pessoas, nem sequer em que época estamos — o "coche" sugere uma época antiga, mas mesmo nas monarquias existentes no século 21, os príncipes continuam a desfilar em carruagens nas ocasiões festivas. A identificação de tempo e lugar, contudo, não faz falta. A história que é contada pela moça tem imagens belas e fortes, e através do seu relato temos acesso às suas emoções ingênuas.

Por trás dessa primeira leitura, a história tem uma porção de pequenas sutilezas. Na primeira estrofe, a moça foi ver um desfile da família real; passou o rei, passou a rainha, mas o príncipe não veio. Na segunda estrofe, ela sai passeando, triste, à noite, colhendo flores para oferecê-las ao príncipe. Vê-se que ela é dessas moças simples, como aquelas moças inglesas que ficam de plantão perto do Palácio de Buckingham para ver passar um dos príncipes ingleses, na esperança secreta de que um dia um deles a aviste de longe... os olhares dos dois se cruzem... ele mande parar a carruagem ou o Rolls-Royce... convide-a a subir... Afinal, para que servem os príncipes no mundo moderno, se não para as mocinhas sonharem com cenas assim?

De súbito, a moça ouve um ruído... e vê descer do céu um coche sobrenatural, com cavalos que ela descreve com riqueza de detalhes, e sem nenhum cocheiro. Ela julga avistar, sentado no coche de prata, o príncipe, e corre para vê-lo mais de perto; mas o coche acaba passando sobre ela, antes que ela consiga de fato ver o príncipe. A partir daí (dos versos "tão bonito, tão perfeito / que não era para mim... / (Ia às bodas? Ia à guerra?"), a moça desaparece. As duas últimas estrofes são ditas por um narrador impessoal, e não pelo "eu" que vinha contando a história até então. Depois de morta a moça, o coche sobrenatural desaparece à distância. Seria mesmo o príncipe? Seria a morte? Quem pode saber?

O poema tem uma riqueza visual muito grande, tanto na simples descrição quanto na criação de efeitos dramáticos: as rodas de marfim, após atropelarem a moça, são rodas "encarnadas, recentemente pintadas"... E ao se afastar o coche, os cavalos mastigam as flores que ela trouxera para oferecer ao príncipe.

Cecília Meireles trabalha dentro da tradição do Romanceiro Ibérico, mas este poema está longe da simplicidade dos romances em verso do século 16, embora pretenda reproduzir-lhes o sabor — através do ritmo da redondilha, através das rimas, através do uso de formas antigas de algumas palavras ("rubim" em vez de "rubi", "escarlata" em vez de "escarlate"). É um ótimo exemplo de como se pode utilizar de maneira pessoal os recursos de uma forma antiga: em vez de simplesmente imitar os poemas antigos, a poetisa usa um certo número de recursos técnicos e temáticos do modelo escolhido e projeta neles a totalidade de sua inspiração, de sua imaginação, de seu vocabulário, e todos os recursos sonoros e visuais que consegue criar com sua linguagem.

6.
A CANÇÃO NARRATIVA

Uma das áreas em que a poesia narrativa tem se mantido viva é a música popular, e aqui estou incluindo todos os rótulos usados em nosso país: MPB, música regional, *rock*, *pop*, música folclórica, canção tradicional, samba, *hip-hop*...

Isso coloca uma questão muito discutida hoje em dia, que não é o objeto deste livro, mas que vale a pena abordar de passagem. Pergunta-se: letra de música é poesia ou não? Para mim, a resposta é *SIM*, assim mesmo, grifado e com letras maiúsculas. Há muita gente que só considera *poesia* a poesia escrita, e não inclui nesse conceito a poesia cantada, o que me parece um erro. Chamo de poesia, como já foi dito nas páginas iniciais deste livro, uma linguagem mais carregada de significado e mais intensa do que a linguagem usada apenas para trocar informações. Poesia é linguagem concentrada, linguagem que permite múltiplas leituras, linguagem que foi trabalhada tendo em vista não apenas a transmissão de uma *idéia*, mas também as *imagens* utilizadas e a impressão de *música* que nos dá a sua sonoridade.

Ora, tudo isso pode estar presente numa canção, como pode também estar ausente num poema publicado em livro. Nem todo poema de livro é bom, nem todo ele tem poesia. Por outro lado, tudo isso pode estar presente na letra de uma canção popular, seja ela um coco-de-praia inventado por músicos caboclos no Nordeste, uma valsa composta por seresteiros mineiros da década de 1940, um *rock* ou um *rap* inventados por jovens de nosso ambiente urbano do século 21. Fazer versos inteligentes, criativos, originais, bem trabalhados, não é privilégio de quem o faz para serem lidos em livros. Não é o veículo que determina a qualidade, e sim o uso que se faz da linguagem literária. Poesia de ótima qualidade pode ser encontrada tanto em velhos livros gregos ou latinos quanto em antologias populares vendidas como livros de bolso ou em canções em forma de CDs e arquivos mp3.

Quando vejo o sucesso da música popular brasileira no resto do mundo, a primeira coisa que penso é: "E eles estão apenas escutando a música... Imagina só se estivessem entendendo a letra!". Temos uma enorme quantidade de letristas cujo talento, infelizmente, talvez nunca venha a ser avaliado com justiça lá fora, por uma série de motivos, o principal de todos sendo a dificuldade de traduzir à altura, para outras línguas, todo o sabor da dicção especificamente brasileira das letras de gente como Noel Rosa, Humberto Teixeira, Dolores Duran, Cazuza, Raul Seixas, Vinicius de Moraes, Rosil Cavalcanti, Lamartine Babo, Itamar Assumpção, Renato Russo, Lupicínio Rodrigues... para ficar apenas em alguns já falecidos.

Entre eles, muitos se destacam também pela capacidade de condensar, no curto espaço de uma canção popular (mais sujeita a restrições de tamanho do que um poema), pequenas narrativas que, sempre repetidas e recontadas, nunca deixam de nos dizer algo novo.

Veja-se esta pequena história de amor suburbana, o "Apaga o fogo, Mané", de Adoniran Barbosa, cuja primeira gravação ocorreu em 1956 pelo grupo Demônios da Garoa:

> Inês saiu
> dizendo que ia comprar pavio pro lampião.
> "Pode esperar, Mané, que eu já volto já..."
> Acendi o fogão, botei água pra esquentar,
> e fui pro portão

só pra ver Inês chegar.
Anoiteceu, e ela não voltou...
Fui pra rua feito um louco
pra saber o que aconteceu.

Procurei na Central, procurei no hospital
e no xadrez...
Corri a cidade inteira
e não encontrei Inês...
Voltei pra casa triste demais...
o que Inês fêz não se faz.
No chão, bem juntinho do fogão,
encontrei um papel escrito assim:
"Pode apagar o fogo, Mané, que eu não volto mais..."

É uma história com aquelas sutilezas que só se encontram nas histórias contadas com simplicidade. Tudo que entendemos é pelo contexto da canção: Mané e Inês moram juntos numa casa, que pode ser em São Paulo (a canção foi feita e gravada por paulistanos), mas poderia estar em qualquer parte. O importante é fazer com que aquilo que é dito ajude o leitor (ou, no caso, o ouvinte) a preencher por conta própria o que não é dito. Como num filme, o narrador se detém em detalhes aparentemente secundários, mas que mostram o clima de tranqüilidade e aconchego doméstico ("acendi o fogão, botei água pra esquentar") e da ternura ingênua de um sujeito apaixonado ("fui pro portão só pra ver Inês chegar"). Por outro lado, horas e horas de correria desesperada são resumidas em poucas frases: "Procurei na Central, procurei no hospital e no xadrez; corri a cidade inteira e não encontrei Inês". A decepção do narrador é reforçada de maneira sutil pelo jogo de semelhança e contraste entre as duas frases de Inês: "Pode esperar, Mané, que eu já volto já" e "Pode apagar o fogo, Mané, que eu não volto mais". E existe ainda um pequeno mistério, que nunca esclareci: o bilhete encontrado por Mané já tinha sido deixado por Inês ao sair ou ela voltou para casa enquanto ele estava fora, deixou o bilhete e partiu novamente?

Parte III

A POESIA NARRATIVA DO ROMANCEIRO

1.
O ROMANCEIRO POPULAR DO NORDESTE

O Romanceiro Popular do Nordeste é uma literatura oral que foi transplantada para o mundo da literatura escrita. A cultura oral e a cultura escrita não são o contrário uma da outra, nem são adversárias: são parceiras, que se ajudam e se complementam.

Qualquer livro de língua e literatura portuguesa e brasileira enumera os romanceiros mais antigos, que preservam os romances em verso dos portugueses. Muitos desses poemas foram trazidos para cá durante a colonização, e também após a Independência e o Império. Faziam parte da cultura geral da época. Eram conhecidos entre os adultos e os jovens, entre os homens e as mulheres, entre os ricos e letrados e os pobres e analfabetos. Onde quer que houvesse um grupo de pessoas com gosto e curiosidade pela poesia, essas histórias metrificadas e rimadas faziam parte do seu repertório de referências. Era em geral na infância que esses indivíduos aprendiam os romances, e depois de adultos se encarregavam de passá-los adiante.

Alguns desses romances, conhecidos em Portugal muito antes do Brasil ser descoberto, foram transformados em folhetos de cordel. Outros continuaram preservados em sua forma oral, como poemas recitados (e sofrendo às vezes enormes modificações). Outros perderam a forma versificada e viraram simples histórias, misturando-se a um universo vizinho, o das narrativas tradicionais e contos de fadas, aquilo que no Nordeste chama-se ainda hoje de "história de Trancoso". Este nome tem origem numa antiga antologia de contos populares, compilada em Portugal por Gonçalo Fernandes Trancoso no século 16. No Brasil, já no início do século 20, Figueiredo Pimentel (1869-1914) publicou coletâneas de narrativas tradicionais cujos títulos também passaram a ser denominações comuns desses contos: "Histórias do arco da velha", "Histórias da baratinha" e "Contos da carochinha".

O Romanceiro Popular do Nordeste teve origem ibérica, mas atraiu para si outras tradições, como um rio largo que por onde passa vai capturando afluentes. O Nordeste brasileiro não apenas passou adiante os romances em versos trazidos de Portugal, mas lhes deu um formato próprio, criou novos temas, personagens, ciclos inteiros de assuntos. No Nordeste também foram inventadas novas formas de estrofe, novas maneiras de organizar as rimas, dando ao nosso romanceiro nordestino um perfil distinto do Romanceiro Ibérico.

2. A MEMÓRIA NARRATIVA

Os poemas do Romanceiro eram ouvidos, decorados e passados adiante. É um processo muito mais lento do que parece à primeira vista. Uma pessoa não se sentava com uma cópia do poema e ficava a repeti-lo em voz alta até sabê-lo de cor. Saber um romance de cor significava escutá-lo muitas e muitas vezes na infância, cantado por criadas, por amas-secas, por tias e avós. Passá-lo adiante significava cantá-lo muitas vezes, para os próprios filhos, para os filhos alheios, para os netos. O romance em versos contando a história da "Bela infanta" ou da "Moura encantada" fazia parte da vida daquela família, num mundo rural sem luz elétrica, sem rádio, sem televisão. Numa noite, fazia o papel de canção de ninar; em outra, o papel de "história de Trancoso" ou "da carochinha". Era lembrado e recitado nas noites festivas, quando a família cantava com as visitas, quando se tocava algum instrumento, quando se diziam sonetos de amor, versinhos humorísticos.

Um romance em versos se decora como se decora hoje uma canção popular: de tantas vezes ouvi-la. A principal diferença é que a canção é sempre repetida de uma maneira só, enquanto o romance é muito mais sujeito a omissões, deturpações involuntárias, troca de posição de versos, equívocos etc. Ninguém canta um romance, todas as vezes, exatamente da mesma maneira. Sempre há distorções, mas a repetição vai deixando gravadas na mente de quem escuta as partes principais, aquelas que sempre retornam, que dão sentido à história. Num romance, como numa anedota, geralmente lembramos o que é essencial e esquecemos o que é acessório.

A versão da "Xácara do cego andante", comentada no capítulo anterior, foi retirada do livro *Presença do romanceiro*, uma coletânea de romances recolhidos no Maranhão pelo pesquisador Antonio Lopes. O pesquisador recolheu essa versão em 1931, e afirma ter mais de 30 versões da mesma história, que misturam prosa e verso; a versão que transcrevi é a única totalmente em verso que ele encontrou.

Uma historieta simples como essa pode ser facilmente decorada e repetida. Na tradição oral, a exatidão do número de sílabas e da correspondência exata das rimas se dilui. Qualquer pessoa pode escutar esta xácara e depois, ao repeti-la de memória, introduzir mudanças no vocabulário, nas rimas, na cadência dos versos. Não importa. Desde que os elementos mais interessantes da história sejam mantidos — o seu ritmo, sua narrativa indireta, suas surpresas e revelações —, trata-se ainda do mesmo romance.

Os romances também fazem empréstimos uns aos outros. No mesmo livro em que registra essa versão, Antonio Lopes observa que já conhecia de outro romance o belo verso com que o fidalgo afirma ser conde barão: "de espora no pé / e espada na mão". A sonoridade, a simetria e a vívida imagem visual fazem deste um verso marcante, que qualquer recitador não esquece, e do qual pode se servir em diferentes romances para descrever diferentes personagens. E assim os romances vão se alimentando e fortalecendo uns aos outros, através dessa rede de empréstimos. Só com o surgimento de uma cultura escrita, impressa e documentada é que tais empréstimos começarão um dia a ser questionados e a dar origem a questões como imitação, plágio etc.

Existe na cultura oral tradicional um certo clima "não proprietário" das formas de dizer, um clima que podemos sem exagero comparar com o que vigora na cultura que está se desenvolvendo no interior da Internet. Textos são produzidos e passados adiante sem que se possa ter certeza sobre quem os criou, quem os transmitiu, de onde estão vindo... Os textos chegam até nós, muitas vezes, sem indicação confiável de autoria. Um mesmo texto pode ter numerosas versões circulando, todas elas diferentes, porque cada pessoa que as recebe se sente livre para fazer pequenas alterações (ou acaba fazendo-as porque não tem pleno domínio da linguagem, e comete erros). Essa impressão de um saber coletivo e anônimo faz da Internet, muito curiosamente, uma cultura escrita com fortes características da cultura oral.

3.
A CULTURA ORAL

Palavras como "cultura" e "literatura" fazem pensar imediatamente em bibliotecas, museus e academias, mas essas duas coisas podem existir no mais remoto socavão do meio rural, ou em tribos indígenas, ou em vilarejos africanos. Diz-se por aí que a literatura oral desses povos não tem as qualidades da literatura escrita pelos ganhadores do Prêmio Nobel. É verdade. Também pode-se dizer que os ganhadores do Nobel provavelmente não seriam capazes sequer de imitar as técnicas de memorização, recriação e performance de um contador de histórias numa tribo tuaregue do Saara. Cada um faz o melhor que pode, dentro de sua própria cultura.

Não existe evolução literária da Humanidade. Não podemos dizer que a literatura do século 20 é melhor que a do século 16, ou que esta é melhor do que a literatura da Antiguidade. A literatura não existe abstratamente, como um ponto num gráfico que sobe ou desce ao longo dos séculos. A literatura de cada povo é um fim em si. É um limite que só aquele povo pode atingir. São formas que só ele vai poder criar.

Na Paraíba, o pesquisador Altimar Pimentel, da Universidade Federal da Paraíba, registrou em fita magnética e em livro as histórias contadas por Luzia Tereza, uma mulher que morreu em 1983, aos 74 anos de idade. Era uma mulher miudinha, muito magra, que tinha mãos longas e gestos muito expressivos. Ela casou aos 25 anos com um viúvo, e viveram juntos até a morte dele. Foi ele quem ensinou Luzia a maior parte das histórias que ela sabia. Não eram "romances" ou poemas: eram histórias de Trancoso, com títulos como "A águia luminosa da ilha encantada", "Os três soldados que fugiram da guerra", "A princesa que só se casava com o rapaz que se escondesse e ela não visse" ou "A cidade dos macacos".

No livro *Estórias de Luzia Tereza*, Altimar Pimentel lembra que os Irmãos Grimm, ao pesquisar os contos folclóricos da Alemanha que deram origem a suas coletâneas, recolheram, pelo interior do país, cerca de 200 histórias. Durante os seis anos em que trabalhou com os pesquisadores da UFPb, Luzia Tereza sozinha contou 236 histórias, das quais 64 foram transcritas no livro.

Luzia Tereza é um fenômeno? Por um lado, sim; por outro lado, não. "Sim", porque fazer isso requer talento, um talento que tomara que você tenha, caro leitor, porque eu não tenho. Ela, e certamente seu finado marido, são pessoas com memória e sensibilidade excepcionais. E o "não" vem justamente do fato de que o que Luzia Tereza faz não é mais espantoso do que uma garota adolescente saber trezentas músicas de cor (e distinguir umas das outras, o que é mais sutil ainda) ou um garoto de seis anos saber nome, descrição e evolução de 150 Pokémons. Chama-se a isso boa memória, entusiasmo, curiosidade, amor por um assunto. Algumas pessoas desenvolvem essa habilidade mais que as outras. A sociedade fornece o material a ser decorado, sejam romances ibéricos, letras de canções ou listas de Pokémons japoneses.

Um aspecto notável da cultura oral é o fato de que seus maiores guardiões são os velhos, e esses velhos preservam essa cultura porque a absorveram na infância. É como se a cultura oral fosse uma conspiração entre velhos e crianças, da qual os jovens e os adultos, sempre ocupados com as coisas práticas do mundo, ficassem um pouco de fora. A criança escuta fascinada aquelas histórias, lendas, cantigas, brincadeiras, adivinhações que o avô, ou a avó, ou uma empregada velha, lhe transmite sem parar. Cresce, e esquece-se daquilo. Quando chega à velhice, vendo-se cercado de netos, vem-lhe à memória sua própria infância: e ela começa a passar adiante tudo que tinha aprendido, porque essa é também uma maneira de reviver (ou de fantasiar) um passado feliz.

O mundo da cultura escrita, da literatura escrita, é muito diferente do mundo oral. Na literatura escrita existe uma preocupação muito grande com a exatidão do texto, com a fidelidade ao original, com mil cuidados para estabelecer sem sombra de dúvida cada detalhe desse texto inicial. Fortunas são gastas em pesquisas bibliográficas ou grafológicas para estabelecer o texto oficial de uma obra de Shakespeare ou de Camões. Especialistas discutem durante décadas as variantes de um texto, até bater o martelo e escolher uma delas como a versão oficial. Neste mundo, registram-se e autenticam-se versões de um texto, e cobram-se taxas por qualquer uso dele.

No mundo da literatura oral, não existe "a" versão oficial. Não existe original: tudo é cópia. Como tudo é feito na base da memória, cada versão é diferente da anterior. É raro que se encontrem duas versões exatamente iguais; mas não importa. Cada uma é tão legítima quanto as outras. Quando alguém conta uma história extraordinária numa sala de visitas, ou uma história de fadas junto à cama de uma criança, ou uma lenda folclórica diante de um auditório cheio de alunos, não está preocupado em saber se essa história está sendo contada "exatamente como é". Ela é *aquilo que está sendo* naquele momento. Sua forma é a que aquele narrador lhe dá naquele instante; ela existe apenas para as pessoas que estavam ali, naquele momento.

Ray Bradbury escreveu o livro *Fahrenheit 451* (que François Truffaut transformou num filme com o mesmo título) falando de uma sociedade do futuro em que ler livros era crime, como usar drogas, e carros de bombeiros percorriam a cidade o tempo todo, localizando casas onde havia livros e incendiando-os no meio da rua para dar exemplo. A literatura está ameaçada de desaparecer, mas há um grupo de pessoas que se refugiam num bosque, onde ficam vivendo uma vida clandestina. Cabe a cada um deles decorar um livro e mantê-lo vivo na memória, para poder contá-lo aos outros, passá-lo adiante.

Antes de serem recolhidos, copiados, revisados e publicados na forma que conhecemos hoje, os poemas épicos de Homero, a *Ilíada* e a *Odisséia*, passaram séculos sendo transmitidos deste modo: pessoas recitavam, pessoas escutavam e iam decorando. Chega um período na história, no entanto, em que a sociedade precisa de versões escritas daquele livro. Começa então o processo de escolher, entre inúmeras versões de cada trecho, qual a versão "certa". Isso não acontece só na literatura. A Igreja Católica passou séculos mexendo na Bíblia, tirando e colocando livros, até dar-lhe a forma que ela tem hoje.

O Cordel e o Romanceiro Ibérico sobreviveram no Nordeste graças a essa cultura subterrânea que nada anota e nada esquece. Pessoas que sabiam histórias passavam-nas adiante; pessoas que sabiam ler pegavam versões escritas dessas histórias orais e passavam-nas adiante. A vida do menino branco, alfabetizado, pertencente à casa-grande mas que convive com a senzala, está presente no poema "Descoberta da literatura", de João Cabral de Melo Neto, onde ele descreve sua função de ledor de folhetos de cordel para os trabalhadores:

> No dia-a-dia do engenho,
> toda a semana, durante,
> cochichavam-me em segredo:
> saiu um novo romance.
> E da feira de domingo
> me traziam conspirantes
> para que os lesse e explicasse

um romance de barbante.
Sentados na roda morta
de um carro de boi, sem jante,
ouviam o folheto guenzo,
a seu leitor semelhante,
com as peripécias de espanto
preditas pelos feirantes.
Embora as coisas contadas
e todo o mirabolante,
em nada ou pouco variassem
nos crimes, no amor, nos lances,
e soassem como sabidas
de outros folhetos migrantes,
a tensão era tão densa,
subia tão alarmante,
que o leitor que lia aquilo
como puro alto-falante,
e, sem querer, imantara
todos ali, circunstantes,
receava que confundissem
o de perto com o distante,
o ali com o espaço mágico,
seu franzino com o gigante,
e que o acabassem tomando
pelo autor imaginante
ou tivesse que afrontar
as brabezas do brigante.
[...]

João Cabral era filho-de-engenho e estava destinado à literatura escrita, impressa, registrada, literatura oficializada, com assinatura e com dono reconhecido por lei. Mas, como se vê, nunca esqueceu seu contato com essa outra literatura. O poema se refere à descoberta da literatura, e esta descoberta era feita tanto pelos cassacos de engenho analfabetos, que pediam para ouvir as histórias, quanto pelo menino de família que concordava em ler para eles. O caminho poético de João Cabral o levaria na direção oposta à da literatura oral, mas sua dívida para com o romanceiro nunca foi negada, e foi muitas vezes paga.

O poema é feito em rimas toantes, cuja palavra-origem me parece ter sido "romance": o poeta estabeleceu esta como a palavra-chave, e a partir daí saiu rimando com ela todas as suas linhas pares. Isso o leva a trocar com habilidade "cordel" por "barbante", por exemplo. O folheto "guenzo" é comparado ao garoto que o lia, que também é magro, raquítico. Ele registra que as histórias ali contadas pareciam sempre as mesmas, pareciam iguais às dos outros folhetos, mas a emoção que produziam era sempre verdadeira, a tal ponto que era possível confundir o mundo real com o mundo do livro, "o ali com o espaço mágico".

4.
ROMANCE ANTIGO E ROMANCE MODERNO

Ao pesquisar para este livro, recorri ao *Romanceiro geral português*, uma coletânea de romances orais publicada em Portugal pelo escritor Teófilo Braga, entre 1906 e 1909. Pensei em transcrever um dos muitos romances clássicos lusitanos que vieram para o Brasil e se tornaram parte de nossa tradição literária. Lembrei-me então de uma história conhecida pelo nome genérico de "A donzela guerreira", uma moça que se veste de homem e vai lutar na guerra; lá, um fidalgo se apaixona por ela, mas ela não pode revelar que é mulher.

Histórias de donzelas guerreiras há muitas na vida real, sendo a de Joana d'Arc a mais famosa de todas. Mas esse romance parece ter sido uma das fontes de inspiração para João Guimarães Rosa ao criar uma das linhas narrativas principais de seu livro *Grande sertão: veredas* — a história da moça que se disfarça de jagunço para guerrear contra os inimigos de sua família e acaba despertando uma paixão cheia de culpa em outro jagunço, que a ama, mesmo julgando que ela é um homem.

Esse tema, que tem portanto um lado universal e um lado bem brasileiro, está presente em muitos romances colhidos em Portugal, onde a moça disfarçada assume nomes como "Dom Martinho", "Dom Marcos", "Dom Varão" e outros. O *Romanceiro* de Teófilo Braga registra ao todo 14 versões (ou "variantes") desta história, colhidas em diferentes lugares:

"Dom Martinho de Avisado" (variante da Covilhã — Beira-Baixa)
"Dom Martinho" (variante da Beira-Baixa)
"Dom Barão" (variante da Foz do Douro)
"Dom Carlos e Dona Leonor" (versão de Villa Nova de Gaia)
"Dom Marcos" (versão de Elvas — Alentejo)
"Dom Martinho" (versão de Loulé — Algarve)
"Dom Marcos" (variante de Loulé — Algarve)
"Dom Martinho" (versão de Porto da Cruz, na Ilha da Madeira)
"Donzela que vai à guerra" (variante de Machico, na Ilha da Madeira)
"Hoje se apregoam guerras" (variante de Caniço, na Ilha da Madeira)
"Donzela que vai à guerra" (versão da Ilha Terceira, no arquipélago dos Açores)
"Dom Varão" (versão da Ilha de São Jorge, no arquipélago dos Açores)
"Donzela guerreira" (variante dos Rosais, no arquipélago dos Açores)
"Dom Marcos" (versão de Goa, na Índia)

São catorze versões de uma história que é basicamente a mesma. Como nenhuma delas é mais autêntica do que as outras, eu poderia escolher a que me parecesse mais bem contada e transcrevê-la aqui. Surgiu um problema: como são versões de mais de um século atrás, há um grande número de palavras antigas, de expressões puramente portuguesas e de outros detalhes que poderiam causar certo "ruído" na leitura. Preferi criar, a partir das versões do livro, uma nova versão, o mais fiel possível à história e à linguagem das anteriores, reunindo os elementos que me parecessem mais interessantes.

A versão que se segue da história "A donzela guerreira" é provavelmente uma versão única; é a minha versão, mas na qual eu praticamente não incluí nenhum verso novo. Cada um dos episódios figura em pelo menos uma das versões anteriores, e minha interferência foi mais no sentido de simplificar o vocabulário, procurando sinônimos ou termos equivalentes que soassem mais familiares ao leitor de hoje.

Romance da donzela guerreira

Grandes guerras acontecem
entre França e Aragão!
— Ai de mim, que já estou velho
combater não posso não...
E só tenho sete filhas,
mas nenhum filho varão...

Disse-lhe a filha mais nova,
com firmeza e com razão:
— Meu pai, dê-me o seu cavalo,
pois quero ser capitão!
— Tu tens os cabelos longos,
filha, te descobrirão.
— Tomarei de uma tesoura,
e os deixarei no chão.
— Tendes os olhos de moça,
filha, te descobrirão.
— Quando passar pelos homens,
eu os manterei no chão.
— Tendes os seios formosos,
filha, te descobrirão.
— Dentro do colete largo,
meus seios se esconderão.
— Tendes os pés pequeninos,
filha, te descobrirão.
— Dentro das botas compridas,
compridos se tornarão.

— Tendes o rosto sem barba,
filha, te descobrirão.
— Direi que sou rapaz novo,
e as barbas depois virão.
— Tendes a pele mui alva,
filha, te descobrirão.
— Em sete dias de estrada,
sete sóis a queimarão.
— O teu nome é de mulher,
filha, te descobrirão.
— Me chamarei Dom Martinho,
por homem me tomarão.
— Se te tomares de amores,
filha, te descobrirão.
— Os que me falem de amores
muito caro o pagarão.
Meu pai, antes que eu parta
me dê a sua benção,
que vou partir para a guerra
no seu cavalo Rondão.

Vestida de suas armas
montando seu alazão,
foi a donzela pra guerra,
como se fosse um varão.
Ao cabo de sete anos,
acabou-se a guerra então.
Chegou à corte de França
Dom Martinho o capitão.
O filho do rei o viu,
ficou louco de paixão,
foi contar a sua mãe
penas do seu coração.

— Ai, minha mãe de minh'alma,
morro do meu coração...

Os olhos de Dom Martinho
são de mulher, de homem não.
— Vai convidá-lo, meu filho,
ir à feira passear,
que se ele for mulher
nas fitas há de pegar.

Dom Martinho estava atento,
numa espada foi pegar:
— Oh que bela espada esta,
para um homem guerrear!

— Ai, minha mãe de minh'alma,
morro do meu coração...
Os olhos de Dom Martinho
são de mulher, de homem não.
— Se tu o queres saber,
convida-o a jantar,
porque em cadeiras baixas
mulher gosta de sentar.

Dom Martinho estava atento,
não se deixou suspeitar;
passou as cadeiras baixas,
nas altas foi se sentar.

— Ai, minha mãe de minh'alma,
morro do meu coração...
Os olhos de Dom Martinho
são de mulher, de homem não.
— Se tu o queres saber,
vai com ele até o pomar,
que se ele for mulher
na maçã irá pegar.

Dom Martinho estava atento
e no limão foi pegar:

— Oh que belo limão este,
para as moças enganar.

— Ai, minha mãe de minh'alma,
morro do meu coração...
Os olhos de Dom Martinho
são de mulher, de homem não.
— Convida-o tu, meu filho,
pra contigo se deitar,
que se ele for mulher
logo se há de negar.

Dom Martinho estava atento,
para o pedido negar:
— Dois homens em uma cama?
O rei os manda açoitar!

— Ai, minha mãe de minh'alma,
morro do meu coração...
Os olhos de Dom Martinho
são de mulher, de homem não.
— Convida-o tu, meu filho,
a ir ao rio nadar,
que se ele for mulher
logo há de se negar.

Dom Martinho estava atento,
logo não quis aceitar:
— Promessa fiz ao meu santo
de em rio não me banhar.

Nisto chega um mensageiro
para uma carta lhe entregar.
— Que tendes vós, Dom Martinho,
que tanto vos faz chorar?
— Esta carta que me diz
que meu pai está a acabar!

E as minhas irmãs que tenho
ouço ao longe lamentar.
Para servir-lhes de amparo
devo ao castelo tornar;
príncipe, chegou a hora,
se quiser me acompanhar.

— Oh meu filho, quem é esse
que vos vem a acompanhar?
— Meu pai, é um genro vosso
se o quiserdes aceitar.

— Sete anos andou na guerra
filha do meu coração,
como alguém a conheceu
ser mulher e não varão?
— Conheci-a pelos olhos,
que por outra coisa não.

Vemos nesse romance a mesma técnica meio teatral que vimos na "Xácara do cego andante": as falas dos personagens entram geralmente sem nenhum anúncio prévio do tipo "Fulano disse" ou "Sicrano falou". Quando lemos a frase na página, deduzimos pelo contexto quem a pronunciou. Na recitação em voz alta, que é a forma mais espontânea da poesia oral, isso permite ao recitador mudar de voz, tornando-a mais forte ou mais suave, mais alta ou mais baixa, para indicar aos ouvintes a mudança de interlocutor.

A estrutura desse romance tem um aspecto interessante que está presente em todas as versões. Como se trata de um disfarce, uma mudança de identidade, há dois longos diálogos sobre isto: no primeiro, o pai indica os detalhes físicos que podem traí-la, e a filha responde de que maneira tentará ocultá-los; no segundo, a mãe indica ao filho os comportamentos que podem trair a donzela, e ela consegue evitá-los de um em um. Esses diálogos pai / filha e mãe / filho nos dão uma espécie de radiografia dos traços físicos e sociais que definem o que é ser homem e ser mulher. No segundo caso, as versões enumeram várias pequenas armadilhas que a mãe sugere ao filho para tentar desmascarar o falso "Dom Martinho"; algumas delas me parecem ininteligíveis, por se referirem a hábitos da época. E de quase todas elas a engenhosa donzela consegue sair-se bem.

Nessa versão, as armadilhas que acabam funcionando são os convites para Dom Martinho dormir na mesma cama e para banhar-se junto ao príncipe, os quais ele tem forçosamente que negar. (Em algumas versões, ele aceita, mas recusa-se a tirar a roupa.) No final, ao ver confirmado o que suspeitava, e ser inquirido pelo pai da donzela, o príncipe reafirma algo que percebera desde o primeiro instante: foi pelos olhos que descobriu que Dom Martinho era mulher, mesmo que todas as outras evidências apontassem o contrário. Um detalhe de muita sutileza psicológica e narrativa, próprio do estilo dos romances.

As lições literárias do Romance Ibérico foram muito bem aproveitadas pelos nossos poetas, como vimos nos capítulos anteriores. Mesmo quando o poema não se anuncia como "romance" no título, essa herança é visível em outros aspectos. Pode estar presente na voz narrativa que nos anuncia "vou contar uma história". No uso dos versos de sete sílabas. No modo como os personagens de repente tornam-se narradores de uma nova história-dentro-da-história. No uso freqüente da elipse, levando-nos a deduzir muitos elementos não mostrados. No tom sentencioso de algumas frases feitas. Na alternância expressiva entre o verso rimado e o verso branco.

Todos esses elementos estão presentes no que podemos considerar um exemplo do romance moderno, o poema "Caso do vestido", de Carlos Drummond de Andrade, incluído em seu livro *A rosa do povo* (1945):

Nossa mãe, o que é aquele
vestido, naquele prego?

Minhas filhas, é o vestido
de uma dona que passou.

Passou quando, nossa mãe?
Era nossa conhecida?

Minhas filhas, boca presa.
Vosso pai evém chegando.

Nossa mãe, dizei depressa
que vestido é esse vestido.

Minhas filhas, mas o corpo
ficou frio e não o veste.

O vestido, nesse prego,
está morto, sossegado.

Nossa mãe, esse vestido
tanta renda, esse segredo!

Minhas filhas, escutai
palavras de minha boca.

Diante da insistência das filhas, a mãe resolve contar o que houve. Diz que um dia o marido apaixonou-se por uma mulher de longe, que não correspondeu ao seu amor. Ele desesperou-se; fez de tudo para seduzi-la, sem o conseguir. Como último recurso, foi pedir a ela, à esposa, que intercedesse — que implorasse à estranha para que se entregasse a ele. O sofrimento dele era tão grande que ela concordou.

Minhas filhas, procurei
aquela mulher do demo.

E lhe roguei que aplacasse
de meu marido a vontade.

Eu não amo teu marido,
me falou ela se rindo.

Mas posso ficar com ele
se a senhora fizer gosto,

só pra lhe satisfazer,
não por mim, não quero homem.

Olhei para vosso pai,
os olhos dele pediam.

Olhei para a dona ruim,
os olhos dela gozavam.

O seu vestido de renda,
de colo mui devassado,

mais mostrava que escondia
as partes da pecadora.

Eu fiz meu pelo-sinal,
me curvei... disse que sim.

Saí pensando na morte,
mas a morte não chegava.

Andei pelas cinco ruas,
passei ponte, passei rio,

visitei vossos parentes,
não comia, não falava,

tive uma febre terçã,
mas a morte não chegava.

Fiquei fora de perigo,
fiquei de cabeça branca,

perdi meus dentes, meus olhos,
costurei, lavei, fiz doce,

minhas mãos se escalavraram,
meus anéis se dispersaram

minha corrente de ouro
pagou conta de farmácia.

Vosso pai sumiu no mundo.
O mundo é grande e pequeno.

Um dia, no entanto, a mulher de longe aparece à porta dela. Diz que com o passar do tempo foi se afeiçoando àquele homem, mas que por ironia dessa vez foi ele quem se fartou dela e a abandonou. A amante pede perdão à esposa e lhe dá de presente um vestido.

Aqui trago minha roupa
que recorda meu malfeito

de ofender dona casada
pisando no seu orgulho.

Recebei esse vestido
e me dai vosso perdão.

Olhei para a cara dela,
quede os olhos cintilantes?

quede graça de sorriso,
quede colo de camélia?

quede aquela cinturinha
delgada como jeitosa?

quede pezinhos calçados
com sandálias de cetim?

Olhei muito para ela,
boca não disse palavra.

Peguei o vestido, pus
nesse prego da parede.

Ela se foi de mansinho
e já na ponta da estrada

vosso pai aparecia.
Olhou pra mim em silêncio,

mal reparou no vestido
e disse apenas: Mulher,

põe mais um prato na mesa.
Eu fiz, ele se assentou,

comeu, limpou o suor,
era sempre o mesmo homem,

comia meio de lado
e nem estava mais velho.

O barulho da comida
na boca, me acalentava,

me dava uma grande paz,
um sentimento esquisito

de que tudo foi um sonho,
vestido não há... nem nada.

Minhas filhas, eis que ouço
vosso pai subindo a escada.

"O caso do vestido" é um exemplo de fusão perfeita entre os elementos tradicionais e os modernos. Do romance ibérico temos aqui o verso em redondilha maior, a dicção típica de quem fala para uma "platéia", vários regionalismos e coloquialismos próprios da linguagem oral ("evém", "quede", "ao depois" etc.), a estrutura em que o personagem de uma história conta outra história. Da poesia moderna, temos o verso branco (são raras as incidências de rima neste poema), a mistura de dicções poéticas (do mais coloquial ao mais erudito, do "tu" para o "vós"), a diversidade de nuances psicológicas de todos os personagens.

5.
A LITERATURA DE CORDEL NORDESTINA

A literatura de cordel nordestina é uma parte do Romanceiro que adquiriu perfil próprio, embora o chamado "folheto de cordel" não tenha sido inventado no Nordeste. No Brasil, tanto no tempo da Corte quanto no do Império, venderam-se folhetos nas ruas. Machado de Assis, numa crônica de *A Semana*, de 1893, sobre a Rua Direita (atual Rua 1º de Março), no Rio de Janeiro, diz: "Ao lado da Igreja da Cruz, vendiam-se folhetos de vária espécie, pendurados em barbantes". No conto "Uns braços", ambientado em 1870, diz:

> "Inácio passava-os todos ali no quarto ou à janela, ou relendo um dos três folhetos que trouxera consigo, contos de outros tempos, comprados a tostão, debaixo do passadiço do Largo do Paço. Eram duas horas da tarde. Estava cansado, dormira mal a noite, depois de haver andado muito na véspera; estirou-se na rede, pegou em um dos folhetos, a *Princesa Magalona*, e começou a ler. Nunca pôde entender por que é que todas as heroínas dessas velhas histórias tinham a mesma cara e talhe de D. Severina, mas a verdade é que os tinham".

Vendiam-se folhetos na capital do Império nessa época; fica em aberto a questão de onde eram impressos, se em Portugal, se no próprio Brasil. O folheto da "Princesa Magalona" é uma história européia antiga, com versões em numerosos países; Luís da Câmara Cascudo (em *Literatura oral no Brasil*) afirma que versões dela, em prosa, foram impressas no Rio e em São Paulo.

Se esses folhetos não nasceram no Nordeste, pode-se dizer no entanto que no Nordeste foram criados, no sentido popular do termo, como alguém que diz: "Nasci no Rio de Janeiro, mas fui criado na Paraíba". Foi no Nordeste que a literatura de cordel encontrou seu principal artífice, o paraibano Leandro Gomes de Barros. Nascido em Pombal (PB) em 1865, Leandro viveu até os 15 anos na cidade paraibana de Teixeira, um dos maiores redutos da poesia oral em toda a região, sendo a cidade do famoso cantador Francisco Romano ou "Romano do Teixeira". O próprio Leandro afirma ter começado a escrever versos em 1889, depois que foi morar em Pernambuco, fixando-se no Recife após passar por outras cidades. Foi certamente na última década do século 19 que ele começou a imprimir e vender seus folhetos em versos, com os quais viria a sustentar a família até morrer em 1918. Escreveu centenas de folhetos e é considerado o pai da literatura de cordel.

Leandro provavelmente aproveitou-se de uma época em que os jornais, as tipografias profissionais e as gráficas em geral estavam fazendo uma revolução em seus equipamentos. As máquinas de imprimir usadas até então eram antigas, em que a composição era manual, ou seja: cada palavra a ser impressa na página era formada letra por letra, a partir de uma coleção de "tipos" minúsculos guardados em gavetinhas, por ordem alfabética. Uma página de jornal levava horas para ser montada. No século 19, esse sistema foi substituído no mundo inteiro pelas máquinas de linotipo, que fundiam em chumbo linhas inteiras de uma só vez, simplificando e acelerando o processo. As máquinas velhas tornaram-se obsoletas, e muitas vezes passaram a ser vendidas por uma ninharia ou encostadas no ferro-velho. Leandro provavelmente valeu-se dis-

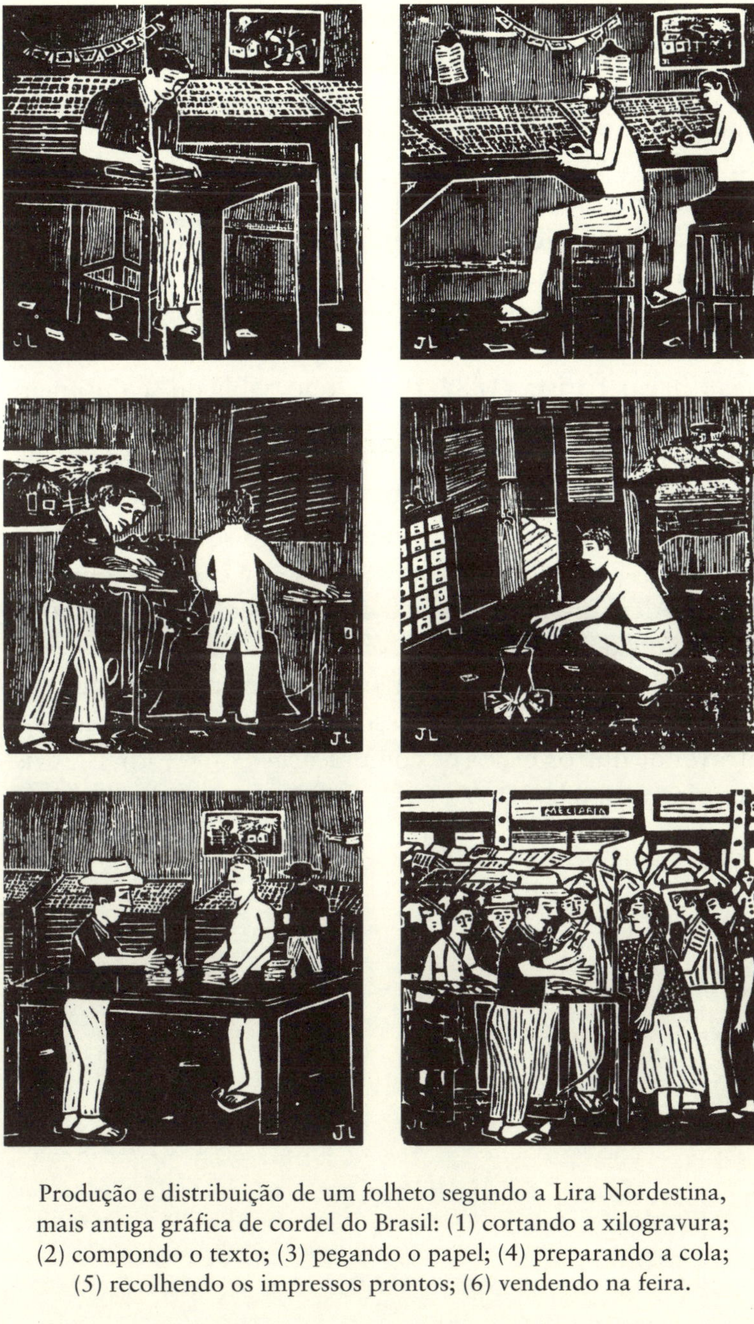

Produção e distribuição de um folheto segundo a Lira Nordestina, mais antiga gráfica de cordel do Brasil: (1) cortando a xilogravura; (2) compondo o texto; (3) pegando o papel; (4) preparando a cola; (5) recolhendo os impressos prontos; (6) vendendo na feira.

so para montar a primeira gráfica voltada principalmente para a impressão de poemas nordestinos.

Isso fez com que os versos dos poetas populares nordestinos, que até então eram copiados à mão e passados adiante, pudessem ser transformados em produto industrial e comercial, mesmo que em escala modesta.

Nesse mercado, que Leandro Gomes de Barros inventou praticamente sozinho a partir do Recife, surgiram outros poetas-editores que escreviam e imprimiam seus próprios folhetos, como João Martins de Athayde (1877-1959), Francisco das Chagas Batista (1882-1930), que publicou seu primeiro folheto em 1902, e muitos outros. A literatura de cordel teve seu auge entre as décadas de 1930 e 1950, atingindo grandes vendagens e sendo a profissão principal (às vezes única) de milhares de poetas. Hoje, o seu mercado se retraiu no Nordeste, mas por outro lado expandiu-se em capitais como São Paulo. Além disso, o interesse de pesquisadores e estudiosos de universidades brasileiras, européias e norte-americanas tem dado à poesia do cordel aval importante para que seja vista com simpatia e sem preconceito dentro das escolas, e através de outros meios de comunicação como jornais, revistas, cinema e televisão.

6.
A ESTRUTURA DO CORDEL

A principal diferença entre um folheto de cordel e os romances ibéricos é a estrutura. O romance ibérico tem aquela aparência de "fita" vertical de versos curtos, que ora se apresenta contínua, sem interrupções, ora é dividida em blocos irregulares — um com oito linhas, o segundo com vinte, o terceiro com seis, o quarto com dez e assim por diante. Já o folheto de cordel é, na esmagadora maioria dos casos, feito de estrofes sempre iguais, do começo ao fim. A estrofe básica do folheto nordestino é a *sextilha*.

A sextilha é uma estrofe com seis versos de sete sílabas, em que o segundo, o quarto e o sexto versos rimam entre si; os demais não precisam rimar com nada, são versos brancos. Na notação tradicional, o esquema de rimas da sextilha é descrito como ABCBDB, onde a letra B indica os três versos que rimam entre si. Eis um exemplo de sextilha, o comentário bem-humorado do poeta Manuel Xudu, à saída de uma missa:

Eu achei muito engraçado	A
o padre Matusalém:	B
quando distribui a hóstia	C
é pra dez, cinqüenta ou cem;	B
mas bebe o vinho sozinho,	D
não dá um gole a ninguém!	B

As palavras "Matusalém", "cem" e "ninguém" são as três rimas que caracterizam a sextilha. Seja improvisada, como é feita pelos violeiros repentistas como Manuel Xudu, seja escrita, a sextilha tem sempre essa estrutura simples, mas de enorme eficácia. O uso da sextilha nos folhetos de cordel foi um grande avanço em relação ao romance ibérico, que muitas vezes torna-se monótono ao usar uma mesma rima do começo ao fim, ou então com umas poucas mudanças. No cordel nordestino, à medida que a narrativa avança e as sextilhas se sucedem, sucedem-se também as pequenas e sutis surpresas sonoras trazidas pela rima nova de cada nova estrofe. Veja-se o início do folheto *Branca de Neve e o soldado guerreiro*, de Leandro Gomes de Barros:

Um grande historiador
narrava um fato importante,
que entre todos os fatos
foi o mais interessante
sobre a vida de um soldado,
e o reino de um gigante.

O fato é como a história
da lâmpada de Aladim,
a pessoa se deleita
lendo a obra até o fim
a história tem que ver
o escritor narra assim:

Havia na Ásia Maior
um habitante troiano,
que tinha todas as famas
de um grande republicano
esse velho tinha um filho
chamado Veridiano.

Quando Veridiano tinha
cinco ou seis anos de idade,

saiu a brincar no campo
por uma casualidade
perdeu-se num pé dum monte,
e foi ter numa cidade.

Nessas quatro sextilhas, o poeta usou quatro rimas diferentes: ...ANTE, ...IM, ...ANO, ...ADE. Essa variedade sonora, característica do cordel, desmente as noções ingênuas dos críticos para os quais fazer poesia popular é apenas rimar tudo em ÃO.

A sextilha é uma estrofe maleável, que o poeta pode preencher de diferentes maneiras, de acordo com seu talento. Há quem critique os folhetos de cordel dizendo que neles não existe poesia e que não passam de "prosa rimada e metrificada". De fato, isso acontece muitas vezes, porque na literatura de cordel existem todos os tipos de poetas: inspirados, rudes, negligentes, eruditos... Essa crítica, contudo, pode ser feita a qualquer outro gênero poético, principalmente àqueles que todo mundo acha que consegue fazer: o poema moderno, o soneto, o poema-piada, o haicai. Muitos poemas escritos nesses formatos também não passam de uma prosa pobre, sem música, sem imagem, sem idéia, apresentada como se fosse poema. O fato de um texto ser chamado de poema ou ter formato de poema não garante haver ali a presença da *poesia* como foi definida na abertura deste livro.

Uma das razões para o uso da sextilha é também o fato de que muitas vezes o cordel é cantado, em vez de recitado. As estrofes acima têm pequenas variações de métrica ou de acentuação, mas nada que nos impossibilite cantar todas elas com uma só melodia. Como os folhetos são muitas vezes vendidos em espaços abertos e públicos (feiras, praças etc.), o *folheteiro* que os vende (e que pode, ou não, ser o mesmo indivíduo que os escreveu ou os publicou) se comporta como um vendedor ambulante qualquer. Atrai a atenção dos passantes, pendura seus folhetos nos cordéis armados entre suportes de madeira ou então os espalha no chão coberto por uma lona ou um plástico. Depois, pega um folheto e começa a recitá-lo ou cantá-lo em voz alta. Como em qualquer atividade desse tipo, obtém mais sucesso o folheteiro que tem boa voz, é desenvolto, tem senso de humor, raciocínio rápido para improvisar respostas ou brincadeiras com a platéia e sabe contar a história do folheto até um momento de maior suspense, quando se interrompe e diz que quem quiser saber o resto vai ter que comprar.

As melodias utilizadas para cantar o folheto são conhecidas como *toadas*. Existem centenas de toadas para se cantar sextilhas; são melodias anônimas, sem dono, sem origem certa. Passam de boca em boca, de memória em memória. Um folheteiro experiente sabe escolher uma toada mais tristonha para narrar um folheto de amor, uma toada mais alegre para um folheto satírico, uma toada que lembra um aboio para contar aventuras do mundo dos vaqueiros. O fato de que os violeiros repentistas usam essas mesmas toadas faz com que elas se propaguem, tornem-se conhecidas e se fixem cada vez mais na memória coletiva da região.

7.
O MISTÉRIO DOS TRÊS ANÉIS

Dentro das suas limitações, cada poeta de cordel procura dar o máximo de si. Vamos examinar alguns trechos do folheto *O mistério dos três anéis*, de Delarme Monteiro da Silva, poeta pernambucano, nascido em 1918, e que começou sua carreira poética em 1938. Depois de uma abertura convencional, onde anuncia aos leitores que vai contar uma história "de amor e sofrimento", da quarta sextilha em diante o poeta entra de vez na narrativa:

Em uma noite de maio
estava a lua a brilhar
da imensidade dos céus
ela vinha iluminar
uma longa e velha estrada
do reinado de Gamar.

Neste momento dois vultos
galopavam altivamente
cavalgando dois ginetes
que corriam velozmente
em direção às ruínas
de um castelo imponente.

Devido à velocidade
seus mantos esvoaçavam
e dentro de pouco tempo
os cavaleiros chegavam

em frente às velhas ruínas
e depressa se apeavam.

A lua brilhou nos rostos
desses dois recém-chegados
um era alto, bem alvo
cabelos afogueados
boca larga, nariz grande
de olhos semi-cerrados.

O outro um pouco mais baixo
de estatura mediana
feições corretas, bem feitas
de linhagem soberana
era um famoso guerreiro
das hostes napolitanas.

Este início de narrativa não tem outra qualificação senão de "cinematográfica": a idéia de claro-escuro pela imagem da noite enluarada, o galope, os mantos esvoaçantes, a luz que ilumina os rostos dos personagens, proporcionando uma descrição de cada um, como se a câmera os filmasse em *close*.

Os dois rapazes chamam-se Grigório e Delmírio e vão às ruínas em busca de uma feiticeira que mora ali. Delmírio conta à velha que há três noites seguidas sonha com uma linda jovem, por quem se apaixonou, e quer saber quem é ela. Promete pagar uma boa soma, e a feiticeira se dispõe a atendê-lo:

A velha encalcando a mola
que na parede existia
na vista dos dois rapazes
pequena porta se abria
e um globo colorido
na parede aparecia.

Ela retirou o globo
a todos incandeava

colocando num suporte
de metal que rebrilhava
e pôs no centro do quarto
enquanto o rapaz olhava.

Apagou os três archotes
ficou escuro o salão
os jovens se acercaram
do globo na ocasião
seu colorido luzia
dentro da escuridão.

Cruzando as mãos sete vezes
baixinho a velha rezou
deu três pancadas no globo
Delmírio se espantou
de repente um nevoeiro
dentro do globo formou.

Na vista dos dois rapazes
surgiram verdes campinas
no centro um lindo castelo
ornado de pedras finas
com tapete de damasco
e roseiras purpurinas.

A enorme carga de visualidade desses versos nos leva a pensar não só no cinema, mas na televisão. Além da menção a um "globo", vemos que a tal bola de cristal exibe de início um "nevoeiro" que logo é substituído por imagens nítidas e a cores. Não sei avaliar quando terá sido escrito o folheto; o exemplar que estou citando tem data de 1982, mas as descrições evocam a experiência de assistir TV.

A feiticeira explica a Delmírio que aquela moça mora a trinta milhas dali, e oferece-lhe três anéis mágicos que poderão ajudá-lo em sua conquista:

Este anel de esmeralda,
começou logo dizendo,
transforma qualquer um ser
no animal mais horrendo
faz inverno pela seca
faz sol estando chovendo.

Este outro de safira
seu papel é invertido
desmancha qualquer encanto
o dono será querido
pode enfrentar qualquer luta
que nunca será vencido.

E este de diamante
é o mais misterioso
pode dar felicidade
fazer o dono ditoso
como pode dar desgraça
e fazê-lo desgostoso.

Os três objetos mágicos são um elemento tradicional dos contos de encantamento. Com eles, o autor introduz um elemento de suspense na história. Quando a velha faz aparecerem os anéis, surge uma sextilha que mais uma vez equivale a um *close* num personagem que até então tinha ficado em segundo plano, enquanto toda a ação se dava em torno de Delmírio:

Grigório fitou Delmírio
com os dois olhos infiéis
e formou no mesmo instante
mil pensamentos cruéis
pensou matar o amigo
e roubar-lhe os três anéis.

Quando os dois rapazes deixam as ruínas do castelo, Grigório ataca Delmírio, ajudado por três bandidos que estavam à espera do lado de fora. (Este é um aspecto que o cordel herdou do folhetim literário e do melodrama teatral: pessoas e objetos surgem do nada para que determinada cena possa acontecer. É um defeito estrutural típico das histórias escritas às pressas.) Ele rouba os anéis e parte rumo ao castelo onde morava a moça.

A ação é transposta para o castelo onde vive Argentina, uma jovem tão bela que seu pai não permitia que fosse vista por ninguém (outro elemento tradicional nesses contos). Ela é vigiada por uma dama de companhia chamada Adelina, e o castelo é guardado por monstros encantados, ali colocados por um feiticeiro:

> O castelo era guardado
> por quatro dragões gigantes
> cujos olhos faiscavam
> como pedras de brilhantes
> e mais seis panteras negras
> dois grandes rinocerantes.

Veja-se que aqui o autor incorre num erro ("rinocerantes" em vez de "rinocerontes"), talvez confundido pela rima. Grigório coloca no dedo o primeiro anel mágico e ordena que o portão do castelo se abra. Sua ordem é obedecida:

> Dentro de poucos momentos
> soprou forte ventania
> o portão se balançava
> toda ferragem tremia
> e logo em breves minutos
> o grande portão se abria.

Os animais encantados vêm enfrentar Grigório, e ele mais uma vez recorre aos anéis mágicos, que exercem seu poder através dos elementos da natureza:

O tempo estava bem claro
mas de repente mudou
o céu ficou cor de chumbo
longe o trovão ribombou
um aguaceiro pesado
sobre os monstros desabou.

Um raio veio certeiro
em cima de um dragão
foi ele bater no monstro
ouviu-se grande explosão
um fumaceiro azulado
subiu nessa ocasião.

O vento forte soprava
a chuva grossa caía
e os monstros encantados
um a um aparecia
para devorar Grigório
que de medo ali tremia.

Caíam os raios de fogo
em cima dos animais
panteras negras morriam
com urros descomunais
parecia um mar de chamas
nas regiões infernais.

Se as seqüências iniciais lembravam cenas noturnas de um filme, estas parecem um desenho animado, pela concentração de imagens e de sons, além da presença de criaturas fantásticas. Depois de derrotar os monstros, Grigório guarda o anel de volta numa caixinha, mas acaba perdendo-a por distração: "mas a caixa caiu fora / e o infeliz não notou". (Outro recurso do narrador para facilitar a resolução da trama mais adiante.) Grigório invade o castelo de arma em punho e é acuado por três guardas:

quando viu na sua frente
com três alfanges na mão
três negros de olhos brancos
mais pretos do que carvão.

Ao esquivar-se deles, Grigório vai de encontro a Adelina, a dama de companhia, e dá-lhe uma punhalada. Enquanto Grigório foge do castelo, Adelina morre nos braços da princesa, que se desespera.

O rei chega logo em seguida e, ao ver que o castelo foi invadido e uma dama da corte morta, anuncia que dará a mão de Argentina em casamento àquele que prender o criminoso. Neste momento dramático, o poeta faz uma interrupção:

Aqui leitor, faço ponto
pra ficar mais entendido
vamos saber de Delmírio
que ficara contundido
há doze dias atrás
por sobre as ruínas caído.

É verdade: as peripécias vividas pelo vilão eram tão vertiginosas que tínhamos esquecido do herói. Delmírio, ferido pelos assaltantes, é socorrido pela velha feiticeira, que percebeu a traição de Grigório. Quando se recupera, ele parte na direção do castelo. No reino onde vive Argentina, Grigório, que está escondido, fica sabendo do anúncio feito pelo rei e apresenta-se no castelo. Afirma saber quem é o criminoso: "É Delmírio de Monesco / sujeito vil e tirano". Ele pede doze soldados e sai à procura de Delmírio, depois de ganhar de Argentina a promessa de que seria sua esposa.

Delmírio defronta-se com Grigório e seu grupo:

Aí travou-se a contenda
equilibrada demais
relinchava a montaria
no sol brilhavam os metais
Delmírio enfrentava três
parecia um satanás.

Com uma hora de luta
era terrível o salseiro
Delmírio de vez em quando
derrubava um cavaleiro
o sangue manchava a roupa
desse valente guerreiro.

Porém num dado momento
seu cavalo falseou
Delmírio sem equilíbrio
por sobre o solo tombou
então quatro cavaleiros
cada um lhe agarrou.

Grigório e seus soldados levam Delmírio amarrado à presença do rei. Lá ele é apresentado por Grigório como sendo o assassino; o autor do folheto, contudo, aproveita para dar mais um *close*, desta vez no rosto da princesa:

A princesa Argentina
avistou o cavalheiro
disse consigo: meu Deus
que belo prisioneiro!
Um homem daquela espécie
não pode ser desordeiro.

Nesse instante aproxima-se um criado trazendo uma caixinha suja de lama que fora encontrada no portão do castelo. Ao abrirem a caixa e verem os três anéis, todos se surpreendem. Nisso Delmírio pede a palavra e diz ao rei que se quiser saber quem é o verdadeiro assassino de Adelina é só perguntar ao anel de diamante. A princesa põe o anel sobre a mesa e faz a pergunta.

E logo em dado momento
o anel pegou a girar
e um nevoeiro espesso
cobriu aquele lugar
ficando o salão em trevas
ninguém ousava falar.

A pedra de diamante
aos poucos foi aumentando
toda sala no escuro
a linda pedra brilhando
como um globo incandescente
todo povo lhe fitando.

E dentro da dita pedra
todo mundo foi notando
a figura de Grigório
com três homens conversando
sobre umas velhas ruínas
algum plano ali traçando.

Logo apareceu Delmírio
sem saber do ocorrido
Grigório então se abaixou
soltou um fraco gemido
Delmírio puxou o punhal
foi ver o que tinha sido.

Grigório com uma pedra
botou Delmírio no chão
dele tirou uma caixa
e guardou com ambição
o anel mostrava tudo
igual a televisão.

O anel mágico reproduz ali, diante de todos, tudo que Grigório havia feito: a invasão do castelo, o assassinato de Adelina. Há uma comoção violenta em toda a corte; num acesso violento de remorso, Grigório cai sobre o chão, e logo está morto. Os três anéis sofrem uma metamorfose e viram três jovens que anunciam ter cumprido o seu papel e retiram-se. Delmírio, é claro, casa-se com Argentina.

O mistério dos três anéis é um folheto tradicional, e é moderno. Usa o formato convencional do cordel, com narração em sextilhas, e uma história que mistura amor, aventura e magia. Tem também os clichês narrativos que o cordel pede emprestados ao folhetim: coincidências improváveis, esquecimentos providenciais, reações emocionais exageradas por parte dos personagens. Por outro lado, pode-se ver no seu estilo que é um folheto escrito por um poeta contemporâneo ao cinema e à televisão, com enorme capacidade para visualizar cenas, vocabulário vívido e variado, e sabendo misturar bem sua imaginação pessoal e o material fornecido pela tradição.

Num folheto como este, o que mais se destaca é o talento do poeta em trabalhar o aspecto de *imagem* do que está escrevendo. Suas descrições são rápidas mas precisas, destacando o mínimo de detalhes necessários para que o leitor reconstitua, em sua imaginação, a cena descrita. O cordel foi durante quase um século o cinema do sertão. Ele fez esse papel até o surgimento da TV. O folheto de Delarme mostra que o poeta pode aprender com a TV e o cinema algumas técnicas de visualização para aumentar o seu poder de contar histórias, o seu poder de, usando apenas instruções verbais, fazer com que os leitores ou os ouvintes possam recriar com riqueza de detalhes a história por ele inventada.

8.
VIAGEM A SÃO SARUÊ

Um dos folhetos de cordel mais conhecidos é o da *Viagem a São Saruê*, de Manoel Camilo dos Santos, poeta paraibano que durante muitos anos manteve na cidade de Campina Grande (PB) uma gráfica-editora chamada A Estrela da Poesia, na qual publicava folhetos, livros e almanaques astrológicos. São Saruê é um país imaginário, uma impossível terra da fartura, uma utopia cheia de detalhes curiosos, absurdos, engraçados.

O poeta abre o folheto explicando quem lhe deu a informação sobre esse país fabuloso:

> Doutor Mestre Pensamento
> me disse um dia: — Você
> Camilo, vá visitar
> o país São Saruê
> que é o melhor lugar
> que neste mundo se vê.
>
> Eu que desde pequenino
> sempre ouvia falar
> nesse tal São Saruê
> destinei-me a viajar.
> Com ordem do pensamento
> fui conhecer o lugar

O Doutor Mestre Pensamento soa como um guru, um sábio, alguém cujos conselhos merecem ser ouvidos. O poeta descreve a seguir uma fantástica viagem aérea:

Iniciei a viagem
às duas da madrugada
tomei o carro da brisa
passei pela alvorada
junto do quebrar da barra
eu vi a aurora abismada.

A expressão "o quebrar da barra" descreve a silhueta do horizonte, que começa a ser vista quando o céu vai se tornando mais claro. É como se o horizonte se quebrasse em duas partes, a terra ainda escura e o céu que vai clareando. O poeta prossegue:

Passei do carro da brisa
para o carro do mormaço
o qual veloz penetrou
no além do grande espaço
nos confins dos horizontes
sentia do dia o cansaço.
[...]

Morreu a tarde e a noite
assumiu sua chefia
deixei o mormaço e tomei
o carro da neve fria
vi os mistérios da noite
esperando pelo dia.

É uma viagem aérea, na qual o poeta passa de um "carro" (que ele usa num sentido meio simbólico, pois em momento algum o descreve como um carro propriamente dito) para outro: a brisa, o mormaço (ar quente) e a neve fria ou o ar noturno. A viagem dura, portanto, um dia e uma noite, pois "ao romper da nova aurora" o poeta avista uma praia banhada por um mar revolto. Ao lado dela há uma cidade "toda coberta de ouro e forrada de cristal". Ele lê numa placa de ouro puro, com letras de brilhantes, o letreiro informando que é ali o país de São Saruê.

O poeta entra na cidade e é bem recebido pelas pessoas, que são amáveis, relaxadas e felizes. Ele caminha pelas ruas e vê as espantosas belezas da cidade, onde se misturam a riqueza e a natureza abundante:

> Lá os tijolos das casas
> são de cristal e marfim
> as portas barras de prata
> fechaduras de rubim
> as telhas, folhas de ouro
> e o piso de cetim.
>
> Lá eu vi rios de leite
> barreiras de carne assada
> lagoa de mel de abelhas
> atoleiro de coalhada
> açude de vinho quinado
> monte de carne guisada.

Essa e muitas outras descrições dão ao poema uma semelhança com as histórias em quadrinhos ou desenhos animados, pelas imagens inusitadas, cheias de exagero e de uma lógica infantil. O trigo, em vez de semente, faz brotar o pão já pronto; as canas do canavial são tubos ocos, uns cheios de mel, outros de açúcar. Existem "pés de dinheiro", árvores cujas folhas são notas. Não que o dinheiro seja muito necessário em São Saruê, pois a maior parte das coisas também nasce nas árvores: roupas, sapatos, chapéus.

O poeta lembra, porém, que a felicidade do povo de São Saruê não consiste apenas na riqueza material e na comida abundante, mas no fato de que naquele país estão ausentes a maioria dos trabalhos cansativos que fazem parte do cotidiano das pessoas em nosso mundo.

> Feijão lá nasce no mato
> já maduro e cozinhado
> o arroz nasce nas várzeas
> já prontinho e despolpado
> peru nasce de escova
> sem comer vive cevado.
> [...]
>
> Os peixes lá são tão mansos
> com o povo acostumados
> saem do mar vêm para as casas
> são grandes, gordos e cevados
> é só pegar e comer
> pois todos vivem guisados.
> [...]
>
> Lá quando nasce um menino
> não dá trabalho a criar
> já é falando e já sabe
> ler, escrever e contar
> canta, corre, salta e faz
> tudo quanto se mandar.

E aparece também a lenda da Fonte da Juventude, um antigo mito que provavelmente teve seu papel nas viagens dos europeus à América depois do Descobrimento. A Fonte que rejuvenesce, ou que dá a vida eterna, existe, sim, e fica justamente em São Saruê:

Lá tem um rio chamado
o banho da mocidade
onde um velho de cem anos
tomando banho à vontade
quando sai fora parece
ter vinte anos de idade.

O poeta diz também que lá naquele país "toda moça é formosa", que durante todo o tempo que ficou lá sua única ocupação foi "recitar poesias", e que quando foi embora os habitantes lhe deram uma enorme quantidade de "notas de contos de réis: / quinhentos, duzentos e cem / de cinqüenta, vinte e dez". E para encerrar, ele abandona a sextilha e muda para duas décimas em decassílabos, uma mudança rara nos folhetos narrativos, que contribui para a elevação do trecho final a um patamar poético mais complexo e eloqüente:

Lá existe tudo quanto é de beleza
tudo quanto é bom, belo e bonito
parece um lugar santo e bendito
ou o jardim da Divina Natureza
imita muito bem pela grandeza
a terra da antiga promissão
para onde Moisés e Aarão
conduziam o povo de Israel
onde dizem que corria leite e mel
e caía manjar do céu ao chão.

Tudo lá é festa e harmonia,
amor, paz, bem-querer, felicidade
descanso, sossego e amizade
prazer, tranqüilidade e alegria
na véspera d'eu sair naquele dia
um discurso poético lá eu fiz
me deram a mandado do juiz
um anel de brilhante e de rubim

no qual um letreiro diz assim:
— feliz é quem visita este país.

O poeta revela, no final, que sua noção de utopia vem da Bíblia, vem dos exemplos do Jardim do Éden, no "Gênesis" ("o jardim da Divina Natureza") e da Terra da Promissão, no "Êxodo", para onde Moisés guiou os hebreus durante 40 anos através do deserto.

Manoel Camilo fez com este folheto uma fusão bem-sucedida entre um mito coletivo e uma história individual. Ele recriou com traços muito pessoais velhas lendas européias como a do "País da Cocanha", onde a terra é ouro em pó e as pedras são pepitas, ou a de "Eldorado", uma cidade toda de ouro perdida no meio das imensas florestas tropicais da América do Sul. Todas essas lendas já existiam, mas Camilo as aborda com uma imaginação visual que encanta pela riquezas dos detalhes, pela simplicidade infantil dos seus raciocínios e pelo modo despreocupado com que utiliza o *nonsense*, o absurdo.

Onde ficará São Saruê? O poeta encerra o folheto com uma derradeira sextilha:

Vou terminar avisando
a qualquer um amiguinho
que quiser ir para lá
posso ensinar o caminho
porém só ensino a quem
me comprar o folhetinho.

Nesse instante, podemos dizer que Manoel Camilo age como editor, preocupado em fazer com que o folheto seja vendido. Ele coloca esta derradeira estrofe como um lembrete para o próprio folheteiro, o vendedor que lê o poema na feira e que deve, como bom camelô, sair oferecendo o livrinho às pessoas que se reúnem para vê-lo cantar.

CONCLUSÃO

Espero que este livro tenha servido para tirar algumas dúvidas muito comuns em quem lê poesia e em quem quer escrever seus próprios poemas.

A primeira pergunta óbvia é: “o que é poesia?”. Quando é que um texto escrito é um poema e quando não é? A resposta é que não existe um critério universal. Cada cultura tem um cardápio de características com as quais define a poesia. Um brasileiro do século 19 certamente não consideraria “poesia” a maioria dos poemas citados neste livro. Naquele tempo, o cardápio era outro, as regras eram outras, os modelos adotados eram outros.

Alguns desses critérios perdem importância com o passar do tempo. Forma fixa, rima e métrica já foram considerados requisitos indispensáveis para caracterizar um poema. Hoje em dia não são mais. Usá-los ou não usá-los depende apenas da vontade de quem escreve e dos modelos que quer seguir.

Talvez, em lugar de ficarmos falando em “regras literárias”, devêssemos falar em “instrumentos literários”, no mesmo sentido em que falamos em “instrumentos musicais”. A palavra “regra” nos dá a idéia de algo que deve ser obedecido, queiramos ou não. A palavra “instrumento” nos dá a idéia de algo que podemos ou não usar, de acordo com nossa necessidade e nossa conveniência. Peço ao leitor, portanto, que veja neste livro apenas um catálogo de instrumentos verbais utilizados por poetas de ontem e de hoje.

SOBRE OS AUTORES E POEMAS CITADOS

Todo trabalho que analisa textos literários precisa reproduzir alguns desses textos, no todo ou em parte. Neste livro, citamos textos antigos e anônimos; textos de autores conhecidos, mas que já entraram em domínio público; e textos de autores contemporâneos, mesmo já falecidos, mas que se encontram protegidos pelas leis do direito autoral. Nosso objetivo, ao citar esses poemas, é acima de tudo chamar a atenção do leitor para os próprios poemas e seus autores. Queremos que o leitor, tendo gostado de trechos de um poema aqui citado, procure o poema completo, e outros textos do mesmo autor.

Em alguns casos, foi inevitável a citação do poema inteiro, seja porque ele tinha apenas umas poucas linhas, seja porque o seu conteúdo ou a sua técnica narrativa, objetos deste estudo, só poderiam ser entendidos se a história fosse contada do começo ao fim.

A lei brasileira nº 9.610, no item III do artigo 46, diz:

> "Não constitui ofensa aos direitos autorais: [...]
>
> III — a citação, em livros, jornais, revistas ou qualquer outro meio de comunicação, de passagens de qualquer obra, para fins de estudo, crítica ou polêmica, na medida justificada para o fim a atingir, indicando-se o nome do autor e a origem da obra".

Abaixo, seguem-se algumas indicações de obras dos poetas que são citados neste livro. Muitos deles, como Carlos Drummond de Andrade, Manuel Bandeira, Cecília Meireles, João Cabral de Melo Neto, Mário de Andrade etc., são nomes clássicos de nossa literatura, cuja obra é freqüentemente reeditada e pode ser encontrada em quase todas as livrarias e bibliotecas brasileiras. Outros autores estão com seus principais livros esgotados e fora do catálogo das editoras, mas ainda assim podem ser localizados em boas bibliotecas públicas ou de colégios. No caso dos romances anônimos populares ou dos folhetos de cordel, pode ser difícil obter o folheto original, mas existem hoje numerosas antologias onde os textos completos dos folhetos são transcritos, o que os torna mais acessíveis.

Gonçalves Dias (1823-1864)

Um dos grandes poetas do nosso Romantismo, e um dos que melhor utilizaram a temática indígena na poesia do século 19. Nascido no Maranhão, morreu num naufrágio ao retornar de uma viagem à Europa. Há numerosas edições de suas poesias completas.

Luís Dantas Quesado (1850-?)

Vaqueiro e glosador, nascido em Antenor Navarro (PB) em 1850, e falecido no Ceará, publicou apenas um livro de poemas: *Glosas sertanejas*, em 1925. O folclorista Leonardo Mota traça um perfil e transcreve vários versos de Quesado no livro *Cantadores*.

Cruz e Sousa (1861-1898)

É um dos grandes nomes da escola Simbolista brasileira. Embora muito respeitado pela crítica e pelos historiadores da literatura, não tem ainda a penetração popular que merece. Seus principais livros são *Missal* (1893), *Broquéis* (1893), *Faróis* (1900), *Últimos sonetos* (1905). Sua *Poesia completa* foi reeditada em 1993 pela

Fundação Catarinense de Cultura (Florianópolis) e Fundação Banco do Brasil.

Leandro Gomes de Barros (1865-1918)

Considerado o pai da literatura de cordel nordestina, Leandro tem folhetos reproduzidos na maior parte das antologias do gênero, e alguns volumes dedicados totalmente a sua obra. A Fundação Casa de Rui Barbosa (Rio de Janeiro) publicou em 1976 e 1977 duas antologias de folhetos seus sob o título genérico de *Literatura popular em verso — Antologia — tomos II e III* (o tomo I foi o volume citado acima, organizado por Manuel Cavalcanti Proença). Mais recentemente, o poeta Irani Medeiros organizou o volume ilustrado *No reino da poesia sertaneja* (João Pessoa, Idéia, 2002), onde nada menos que 50 folhetos de Leandro são transcritos na íntegra, entre eles clássicos como *A história do boi misterioso*, *Cachorro dos mortos*, *História de Roberto do Diabo*, *O marco brasileiro*, *A vida de Cancão de Fogo*, *Branca de Neve e o soldado guerreiro*, *A força do amor* etc.

Olavo Bilac (1865-1918)

Embora seja muito pouco lido atualmente, o chamado "Príncipe dos poetas brasileiros" é um clássico da nossa literatura. A coletânea *Poesias* reúne o melhor de sua produção, desde os seus impecáveis sonetos ("Ouvir estrelas", "Como a floresta secular, sombria...", "Dualismo", "*Nel mezzo del camin*" etc.) até poemas épicos como "Delenda Cartago" ou "O caçador de esmeraldas".

Augusto dos Anjos (1884-1914)

Autor de uma poesia aparentemente difícil, Augusto dos Anjos é um poeta ainda lido e recitado quase cem anos após sua morte. A editora Nova Aguilar (Rio de Janeiro) editou sua *Obra completa* em 1996, reunindo os poemas publicados em vida, poemas póstumos, artigos de jornal e correspondência. O único livro que publicou, *Eu*, tem numerosas reedições com o título *Eu e outras poesias*, e o acréscimo de poemas inéditos.

Manuel Bandeira (1886-1968)

O pernambucano Manuel Bandeira é um dos poetas brasileiros mais lidos e mais reeditados. Foi um dos grandes nomes do Modernismo, com os livros *A cinza das horas* (1917), *Carnaval* (1919), *O ritmo dissoluto* (1924), *Libertinagem* (1930), *Estrela da manhã* (1936). Sua *Poesia completa e prosa* foi publicada pela Nova Aguilar. Seus principais livros estão reunidos em *Estrela da vida inteira* (Record, Rio de Janeiro).

Fernando Pessoa (1888-1935)

Um dos maiores poetas da língua portuguesa, foi um dos grandes nomes do Modernismo em Portugal. Um traço distintivo de sua obra é a produção de poemas atribuídos a "heterônimos", poetas imaginários de quem ele escrevia a biografia e as respectivas obras: "Alberto Caeiro", "Álvaro de Campos", "Ricardo Reis", "Bernardo Soares" e outros. Suas *Obras poéticas* e sua *Obra em prosa* foram publicadas pela Nova Aguilar, e praticamente todos os seus livros isolados estão permanentemente em catálogo através de editoras portuguesas e brasileiras.

Guilherme de Almeida (1890-1969)

Poeta nascido em Campinas (SP), de enorme fluência e versatilidade, que praticou o haicai, o soneto, o poema humorístico, o poema religioso. Foi um nome importante no movimento Modernista da década de 1920. Entre seus muitos livros de poesia destacam-se *Nós* (1917), *A dança das horas* (1919), *Livro de horas de Soror Dolorosa* (1920), *Era uma vez...* (1922), *Encantamento* (1825), *Simplicidade* (1929), *Acaso* (1938). Sua obra poética foi reunida em 1953 numa coleção de sete volumes intitulada *Toda a poesia*. Em 2001, a editora Global (São Paulo) lançou uma coletânea de seus poemas, organizada por Carlos Vogt.

Mário de Andrade (1893-1945)

Poeta, escritor, ensaísta, crítico de arte, pesquisador musical, Mário de Andrade foi um dos grandes agitadores culturais brasileiros da primeira metade do século 20. Foi um dos nomes mais importantes do movimento Modernista. Seus principais livros de poesia são *Há uma gota de sangue em cada poema* (1917), *Paulicéia desvairada* (1922), *Losango cáqui* (1926), *Clã do Jabuti* (1927) e *Remate de males* (1930). Suas *Poesias completas* saíram em 1993 pela editora Villa Rica (Belo Horizonte).

Ascenso Ferreira (1895-1965)

Poeta pernambucano que renovou a poesia regionalista nordestina com livros como *Catimbó* (1927), *Cana caiana* (1941) e *Xenhenhém* (1951). Sua obra foi relançada em 1995 pela editora Nordestal (Recife), em co-edição com a Fundação de Arte de Pernambuco (Fundarpe). Sua poesia era extremamente sonora e carregada de oralidade; foi o primeiro poeta brasileiro a gravar seus poemas em disco.

Severino Pinto (1895-1990)

Repentista paraibano, considerado pela maioria dos seus colegas como "o Pelé do repente", Severino Pinto teve sua voz e seus versos registrados em uns poucos discos, e não deixou obras publicadas. Mesmo assim, seus improvisos — espirituosos, ferinos, brilhantes, pensados e cantados com rapidez imbatível — fazem parte da tradição oral da poesia nordestina, e são citados em obras como *Antologia ilustrada dos cantadores* de Francisco Linhares e Otacílio Batista (Fortaleza, Imprensa Universitária da Universidade Federal do Ceará, 1976), *Um século e meio de repentes* de Edvaldo Muniz de Melo (Recife, Bagaço, 1998) e várias outras.

Cecília Meireles (1901-1964)

A poesia completa de Cecília Meireles também está disponível pela Nova Aguilar. Seus livros podem ser encontrados isoladamente em reedições recentes da editora Nova Fronteira (Rio de Janeiro), que também lançou uma edição de luxo de sua poesia, em dois volumes, organizada por Antonio Carlos Secchin. O livro de maior interesse do ponto de vista deste estudo é o *Romanceiro da Incon-*

fidência, em que ela reconstitui os episódios da Inconfidência Mineira em poemas que exploram numerosas formas do Romanceiro Ibérico.

Carlos Drummond de Andrade (1902-1987)

A obra de Carlos Drummond, considerado por muitos como o maior poeta brasileiro, vem sendo reeditada continuamente ao longo dos anos. Todos os títulos, de poesia e de prosa, estão em catálogo pela Record. Sua *Obra completa* foi publicada pela Nova Aguilar; a edição mais recente é de 2002.

Manoel Camilo dos Santos (1905-1992)

Um dos grandes autores da literatura de cordel, Manoel Camilo tem o texto completo de seu folheto *Viagem a São Saruê* incluído em obras como a antologia *Literatura popular em verso* de Manuel Cavalcanti Proença (Rio de Janeiro/São Paulo/Belo Horizonte, Casa de Rui Barbosa/Edusp/Itatiaia, 1986), o ensaio *Cordel na sala de aula* de Hélder Pinheiro e Ana Cristina Marinho Lúcio (São Paulo, Livraria Duas Cidades, 2001), e na *Classificação popular da literatura de cordel* de Liêdo Maranhão (Petrópolis, Vozes, 1976), como exemplo dos "folhetos de gracejo". Entre seus folhetos mais notáveis estão *O sabido sem estudo*, *As aventuras de Pedro Quengo*, *O grande romance do Ébrio e suas canções*, *A grande peleja de Manoel Camilo com Romano Elias* etc.

Adoniran Barbosa (1910-1982)

Compositor paulistano, autor de dezenas de sambas espirituosos que retratam a vida suburbana de São Paulo, principalmente nos bairros onde predominam os descendentes de italianos. O grupo Demônios da Garoa gravou a maior parte de seus sucessos, como "Saudosa maloca", "Trem das onze" e "Samba do Arnesto".

Delarme Monteiro da Silva (1918)

Poeta de grande inspiração e bom humor, Delarme não é tão conhecido quanto merece. *O mistério dos três anéis*, estudado neste livro, só existe em forma de folheto, mas *A vitória do bode cheiroso*, folheto satírico sobre um bode que ganhou uma eleição em Pernambuco, foi incluído na *Antologia de literatura de cordel* de Sebastião Nunes Batista (Natal, Fundação José Augusto, 1977). Entre seus folhetos contam-se *Os mistérios da fada da Borborema*, *O morcego humano*, *O sino da torre negra* e *Vida e morte de Lampião*.

João Cabral de Melo Neto (1920-1999)

Nascido em Pernambuco, foi um dos grandes poetas brasileiros, e um dos que mais se inspiraram nos estilos do Romanceiro Ibérico. Sua *Obra completa* saiu pela Nova Aguilar em 1994, reunindo toda sua obra poética e alguns importantes ensaios teóricos, onde ele defende o rigor construtivo na elaboração poética. Os títulos individuais estão disponíveis pela editora Nova Fronteira. Os melhores livros para se começar a ler sua poesia talvez sejam *Morte e vida severina* (1956), *O cão sem plumas* (1950) e *A educação pela pedra* (1966).

Dimas Batista (1921-?)

Repentista pernambucano, que com seus irmãos Otacílio e Lourival formou um trio de respeitadíssimos poetas improvisadores. Os irmãos Batista eram poetas cultos, conhecedores de literatura, que enriqueceram com suas diferentes personalidades poéticas a arte do improviso. Grandes poemas e versos isolados de Dimas Batista podem ser encontrados na *Antologia ilustrada dos cantadores* de Francisco Linhares e Otacílio Batista.

Manuel Xudu (1932-1986)

Repentista nascido em Itabaiana (PB), cujo nome de batismo era Manoel Lourenço da Silva. Seus versos, cheios de romantismo e tristeza, até hoje são lembrados, bem como seu enorme poder de observação da Natureza. Dificilmente uma antologia de repentistas nordestinos não citará alguns de seus improvisos cheios de sensibilidade e de belas imagens visuais. Boa parte de sua produção ficou preservada em *Mané Xudu: o imortal do repente* de Pedro Ribeiro (Teresina, Halley Gráfica e Editora, 1996).

Marcus Accioly (1943)

Poeta pernambucano que participou da fase inicial do Movimento Armorial lançado em 1971 por Ariano Suassuna, Marcus Accioly lançou vários livros inspirados nas métricas da poesia popular do Nordeste, nos quais adota o conceito de livro-poema, um poema longo composto de poemas menores: *Cancioneiro* (1968), *Nordestinados* (1971), *Sísifo* (1976), *Érato* (1990, com poemas eróticos). *Guriatã* (Rio de Janeiro, Brasil-América, 1980) ganhou o Prêmio Chinaglia, da União Brasileira de Escritores, e foi considerado "Altamente Recomendável para Jovens" pela Fundação Nacional do Livro Infantil e Juvenil. Sua obra mais recente é o poema épico *Latinomérica* (Rio de Janeiro, Topbooks, 2002).

Paulo Leminski (1944-1989)

Famoso pelos seus poemas curtos, coloquiais, onde com freqüência o trocadilho é transformado em recurso estético, o poeta nascido em Curitiba tem como principais livros as coletâneas de poemas *Caprichos e relaxos* (São Paulo, Brasiliense, 1983), *Distraídos venceremos* (Brasiliense, 1987), *La vie en close* (Brasiliense, 1991), *Melhores poemas de Paulo Leminski* (Global, 1996). Há numerosos *websites* na Internet dedicados à sua obra. O volume *Anseios crípticos* (trocadilho bem-humorado com o surrado título "Ensaios críticos"), de ensaios sobre poesia e linguagem em geral, saiu pelas Edições Criar (Curitiba) em 1986, e foi reeditado pelo Pólo Editorial do Paraná sob o título *Ensaios e anseios crípticos* (1997).

SOBRE O AUTOR

Braulio Tavares nasceu em Campina Grande, PB, em 1950, e mora desde 1982 no Rio de Janeiro. Além de romances e contos, publicou também vários folhetos de cordel e livros de poemas, entre eles *A Pedra do Meio-Dia, ou Artur e Isadora* (Editora 34, São Paulo, 1998), *O homem artificial* (Sette Letras, Rio de Janeiro, 1999) e *Os martelos de Trupizupe* (Engenho de Arte, Natal, 2004).

Compositor de música popular e dramaturgo, organizou também a antologia dos folhetos do cordelista Raimundo Santa Helena (Hedra, São Paulo, 2003), entre outras coletâneas, e mantém uma coluna diária sobre cultura no *Jornal da Paraíba*, que pode ser acessada em http://jornaldaparaiba.globo.com/braulio.html.

Este livro foi composto em Sabon, pela Bracher & Malta, com CTP e impressão da Prol Editora Gráfica em papel Pólen Soft 80 g/m^2 da Cia. Suzano de Papel e Celulose para a Editora 34, em julho de 2005.